# AÚN NO

# AÚN NO

Cómo Encontrar la Libertad Cuando la Ansiedad, Depresión y Otros Problemas Tocan a Tu Puerta.

TOBY SLOUGH

Published by Cross Timbers Community Church

# AÚN NO

ISBN (Edición impresa): 978-0-9800321-6-1

ISBN (Edición Kindle): 978-0-9800321-7-8

Número de control de la Biblioteca del Congreso (LCCN): 2019918978

Impreso en los Estados Unidos de América

Editado por Wendy K. Walters | www.wendykwalters.com

Traducción al castellano | Canvi Media

Publicado por Cross Timbers Church | www.crosstimberschurch.org

Preparado para su publicación por Palm Tree
Productions | www.palmtreeproductions.com

Para contactar al autor: CTbooks@crosstimberschurch.org

www.tobyslough.com

# DEDICATORIA

PARA GIDDY Y EV
PARA MICAH THOMAS
PARA BUG Y ESSIE

¿Me permites contarte un secreto? He escrito este libro para ustedes. He venido posponiendo escribir este libro por varios años, y entonces, ustedes cinco llegaron a mi vida. Cada momento que pude abrazarlos por primera vez, los miré a los ojos y le pedí a nuestro Padre que los ayudara a saber cuánto los ama. Llegará el día en que sus vidas no resulten como ustedes lo esperaban, y en el que quizás se pregunten si Dios verdaderamente existe, y si siendo así, realmente se preocupa por ustedes. Pues bien, sepan que Él sí se preocupa por ustedes. Este libro es el mejor regalo que podría darles para esos momentos. Mi esperanza es que este libro sea mi legado para ustedes. Su Papa T los ama muchísimo.

# AGRADECIMIENTOS

A MI FAMILIA DE CROSS TIMBERS—Durante veinte años nos han brindado a Mika y a mí mucho más de lo que podríamos haber soñado. Han sido generosos cuando me he equivocado. Me han dado espacio para ser esposo y padre. Me han dado esperanza para mis propias batallas al poder ver cómo Dios ha transformado radicalmente sus vidas. Los amamos.

A JENN DAY— Es probable que intentes quitar esto cuando no preste atención, pero sabes que conozco la verdad. Este sueño nunca hubiera podido realizarse sin tu pasión y tenacidad. Mi agradecimiento va más allá de las palabras.

A WENDY WALTERS— Eres un recordatorio de cuando Dios obra "justo a tiempo". Tu capacidad solo es superada por tu corazón. Mika y yo damos gracias por ti a menudo.

A JOHN CHALK—No tengo ninguna duda de que las relaciones más fuertes se construyen en los fuegos más intensos. Eres "un hermano nacido para la adversidad" como el que mencionaba Salomón. Gracias *John Boy*.

A MIKA DI—Eres mi mejor regalo en este planeta. No hay nada ni remotamente parecido. Ver cómo amas a la gente me hace sonreír. Te amo, dulce niña.

# DICEN ACERCA DE ESTE LIBRO

¿Qué ocurre cuando aquello en lo que has creído no llega? ¿Qué sucede cuando sientes que aquello que sabes que te ayudará, aún está muy lejos de ti? Sin miedo a abordar temas difíciles, Toby aborda temas que muchos de nosotros no nos atrevemos a discutir. Sin pretender ser un manual de instrucciones, *AÚN NO* es un himno de fe que incluye aquella fe que aún se siente muy lejana. Yo sé que este libro va traer libertad a sus lectores de formas que ni siquiera podrían imaginar.

−BIANCA JUÁREZ OLTHOFF
*Autora Superventas, Pastora y Oradora*

*AÚN NO* es uno de los mensajes más poderosos y oportunos que he escuchado. En un mundo donde abunda la ansiedad, la depresión y el miedo, y donde a menudo buscamos desesperadamente nuestra verdadera identidad en Cristo, este es un libro enfocado en el "ahora" que nos ayudará a bajar la velocidad y realinear nuestros corazones con nuestro Salvador. Me siento enormemente orgulloso y agradecido por el pastor Toby y con la vulnerabilidad que asume al compartir su viaje con nosotros. En este libro no se queda con nada y nos invita a analizar algunos de sus días más oscuros, sus áreas más profundas y comparte la forma en que Dios redimió esos momentos, convirtiéndolos en esperanza.

−DINO RIZZO
*Autor, Orador, Director Ejecutivo de la ARC (Asociación de Iglesias Relacionadas)*

Toby Slough es uno de mis pastores favoritos. No solamente porque es un maestro estudioso y talentoso, sino porque es la persona más auténtica y genuina que uno podría conocer. Me siento más amada y más reconocida por Toby y sus palabras que lo que él mismo podría imaginar. Estoy más que agradecida por su trabajo y por su vida.

−ANNIE F. DOWNS
*Autora de Bestsellers, Oradora y Presentadora del Podcast "That Sounds Fun"*

Las palabras de Toby no solo te traerán ayuda, sino que además te traerán la esperanza de que existe un Dios que te rescatará de todo lo que estás atravesando en tu vida.

—CARLOS WHITTAKER

*Autor, Orador, Creador de Momentos, Exterminador de Arañas, Distribuidor de Esperanza*

Si ya te sientes cansado de preguntarte por qué Dios no ha actuado en tu vida; si te preguntas si ya te ha olvidado, si ya se cansó de ti, o incluso si existe o no, entonces *AÚN NO* es el libro para ti. En estas páginas no solamente encontrarás una nueva y fresca definición de libertad, sino que, en la historia de Toby, hallarás un camino que iluminará tu propio sendero hacia la curación. Comprender los conceptos volcados en un libro puede resultar esclarecedor y útil, pero conocer al autor, al auténtico vehículo de la historia, es algo completamente diferente. Yo he tenido el privilegio de conocer a Toby como un segundo hermano desde hace 26 años. Considero un honor haber tenido un asiento en primera fila en su nube de testigos. Haber sido parte de su viaje de curación significa que él también ha sido parte del mío. Toby, ¡gracias por tu coraje! Ruego que *AÚN NO* sirva de inspiración para que muchas más personas puedan enfrentarse a sus Goliat y que puedan encontrar sanación en tus palabras.

—BRIAN HACKNEY

*Director de Pastoral Care, Cross Timbers Church*

He leído muchas historias. Me gustan las historias. Jesús utilizó historias para transmitirnos la verdad, sabiendo que, si podíamos conectarnos con una historia, la verdad entraría profundamente en nosotros, marcando la diferencia en nuestras vidas. Eso es lo que logra esta historia. Toby comparte su lucha con tal franqueza que sus emociones resuenan, sintonizando con nuestras batallas, miedos y decepciones íntimas. El lugar al que el autor pudo arribar (que es saber que Dios está con él, incluso cuando su final feliz no llegó a cumplirse) se siente profundamente real. Es un alivio saber que alguien más ama a Dios desmesuradamente, confiando completamente en Él, incluso cuando su profundo deseo personal no se haya cumplido. *AÚN NO*, te ayudará a encontrar paz para tu corazón, en el abrigo y compasión de la acción de Dios.

—WENDY K. WALTERS

*Autora, Escritora Anónima, Editora y Oradora*

# CONTENIDO

POR LA HIJA DE TOBY

# PRÓLOGO

Recuerdo el momento en que papá me dijo que le preocupaba no ser un padre lo suficientemente bueno. En ese entonces, no pude comprender en absoluto lo que me decía. Es que, a mis ojos, mi papá siempre había sido mi héroe. A lo largo de mi niñez, yo siempre fui la "niña de papá," ¡incluso si a veces nos dábamos de cabeza! Los dos somos personas apasionadas y yo siempre pensaba que yo era la que tenía la razón, así que podrás imaginarte el resultado.

Sin embargo, resulta curioso cómo cambia la perspectiva de nuestra infancia a medida que crecemos y llegamos a tener nuestros propios hijos. Hoy me doy cuenta que mis padres no tuvieron las cosas fáciles conmigo. Al mirar hacia atrás, puedo recordar que mi papá siempre me demostró una inmensa generosidad y amor, sin importar qué le había dicho o hecho. Tengo el recuerdo de él, disculpándose cuando quizás dijo algo que no fue su intención. Yo sé que no es perfecto, pero siempre ha sido un ejemplo de amor y aceptación.

La historia narrada en este libro explica la razón.

La persona que conocí en mi casa era siempre la misma persona que estaba sobre el escenario en la iglesia. Jamás intentó actuar como si ya tuviese todo resuelto, o ser alguien diferente cuando las puertas de la iglesia se cerraban y todos se iban para sus hogares. Papá siempre fue una persona real y vulnerable, y alguien que compartía sus luchas abiertamente. Sin embargo, jamás me había invitado a ver su mundo de pánico y ansiedad. No conocí algunas de las historias que relata a continuación hasta que llegué a la universidad y lo escuché abrirse públicamente durante un sermón. Él nos protegió a mi hermano y a mí de conocer esas cosas, y puedo entender la razón. Él no quería que tuviéramos las mismas luchas que él tuvo que atravesar. No fue sino hasta que yo misma comencé a luchar contra mis preocupaciones y miedos que pude comenzar a entender por lo que había pasado, y cómo el Señor se encargaba de redimir incluso aquellos momentos oscuros.

***

Aún puedo recordar vivamente ese día, sentados en el sillón reclinable de nuestro departamento en Mississippi. Mi esposo, Grant, y yo solo habíamos vivido allí por unos meses. Como Grant trabajaba largas horas, yo solía estar sola en nuestro nuevo lugar. En esa época yo estaba desempleada y tenía muy pocos amigos de verdad. Ni siquiera sé qué fue lo que disparó todo en aquel día, pero mi mente se salió fuera de control, entrando en un espiral descendente del que sentía que no podía escapar. Sentía que no tenía un propósito, que no era una buena esposa, que estaba a punto de volverme loca y que nadie lo entendía. Mirando hacia atrás, parece una tontería, pero se sentía muy real para mí. A la primera persona que llamé fue a mi papá.

Para él no eran desconocidas las luchas y batallas mentales, por lo que siempre me sentí segura con él. Yo no podía explicar cómo me sentía, no sabía cómo ponerlo en palabras. Sin embargo, él se sentó y escuchó mientras yo lloraba, sin intentar resolver nada. Me dijo que no estaba loca y me recordó de lo que Dios dice que soy. Luego de escucharme, me sugirió que hablara con un consejero. Al principio, me sentí avergonzada. Le dije que ver a un consejero me hacía sentir que había fracasado, que no había confiado lo suficiente en Jesús. Entonces, papá dijo: "Bailey, eso no quiere decir que hayas fallado, en absoluto. Su Espíritu puede obrar a través de las personas, y no tienes que pasar por esto sola. Lo sé, yo lo he vivido. Enseguida te llamo de vuelta."

No habían pasado ni quince minutos cuando sonó mi teléfono. Papá me contó que había llamado a un amigo en Louisiana que conocía a un consejero cristiano de confianza, no muy lejos de donde yo vivía, y que había programado una cita ese mismo día. Así fue como el Señor comenzó a llevarme por mi camino hacia la libertad y la curación.

Como padre, el jamás hubiera escogido hacer que yo tuviese que entender lo que él había atravesado. Lo sé porque me así me lo dijo. Como hija, aún hoy oro a Dios para que le quite esa batalla de su mente. Sin embargo, he visto una y otra vez cómo su historia y el hecho de que aún esté viviendo en el "aún no" ha impactado muchísimas vidas.

Esto me recuerda a las palabras de Pablo, cuando dijo:

*Por lo tanto, mis queridos hermanos, manténganse firmes e inconmovibles, progresando siempre en la obra del Señor, conscientes de que su trabajo en el Señor no es en vano.*[1]

Sé con total certeza que mi padre se está entregando por completo a la obra del Señor, y compartir esta historia es una gran parte de esa labor. Su dolor no ha sido en vano, y el tuyo tampoco.

*—Bailey Slough Garner*

## NOTA FINAL

1.  1 Corintios 15:58.

INTRODUCCIÓN

# TIENES QUE JUGAR ASUSTADO

Mi futuro estaba en la Liga Nacional de Fútbol, de esto estaba seguro. Tenía doce años de edad, mojado pesaba unas ochenta libras [36 kilos] (probablemente) y era uno de los tres más rápidos de mi clase en la escuela primaria Northside. Acabábamos de iniciar el primer año de fútbol de secundaria, con nuestros pantalones cortos y camisetas, haciendo carreras de velocidad, ejercicios de agilidad y comenzando a conocernos con los chicos que venían de las otras dos escuelas primarias de la ciudad. Después de una semana de acondicionamiento general y orientación, finalmente llegó el momento de ponerse las canilleras. La noche anterior, apenas pude dormir. Había soñado con ese día desde que mi madre nos llevó a mi hermano y a mí en el coche familiar para ir a ver a papá entrenar los viernes por la noche. Me quedé dormido entre sueños de autógrafos y fanáticos, anticipándome a los días por venir.

La mañana siguiente llegó. Nos vestimos, trotamos en el campo de juego y, después de algunos ejercicios de calentamiento, nos alineamos para nuestra primer práctica de bloqueo. Me metí en la línea del corredor, tomé el pase y evadí de una forma increíblemente atlética a un niño de la escuela primaria Eastside que acababa de conocer el día anterior. Corrí hacia la línea de bloqueo, ya con un comentario despectivo para el otro niño y una gran sonrisa para mi entrenador. "¡Slough, tú vas próximo!," dijo el entrenador. Y allí estaba Kenneth, con la pelota en sus brazos, mirándome y sacudiendo la cabeza de lado a lado.

Kenneth Johnson, de la escuela primaria Westside. En realidad, no importa a qué escuela había asistido. Todos conocían a Kenneth. Con casi seis pies de altura, un cuerpo cincelado como los de esas estatuas de los dioses griegos que habíamos visto en la clase de historia, y además una barba de chivo. Kenneth Johnson era una leyenda. Se escuchó claramente el "Oooooh" de los chicos que aguardaban en la fila, y noté que los padres se acercaban para ver qué pasaba. Este es un momento congelado en el tiempo, que todavía recuerdo como si fuese ayer. Por un momento, el pánico se instaló en mi mente, cuando pensé: "Podría quedar seriamente lastimado aquí." Lo único más aterrador que la aparición de los paramédicos fue la clara posibilidad de que me tuviesen que sacar del campo de juego frente a las risas de todos, de mis compañeros de equipo y de los entrenadores, y que el comentario llegase a oídos de papá.

Sonó el silbato. Kenneth avanzó. En ese instante, tuve una de esas experiencias extra corporales. Mi cerebro decía "¡avanza!," pero mis piernas no cooperaban. Es más, en vez de avanzar, comencé a retirarme. Los chicos se rieron. Entonces, el entrenador hizo sonar el silbato y gritó: "¡Hazlo de nuevo!"

Volvió a sonar el silbato de nuevo, con el mismo resultado.

Kenneth me gritó: "¿Qué te pasa? ¿Estas asustado? ¡Golpéame!"

Nos alineamos por tercera vez y... sí, nuevamente retrocedí. Caminé hasta el final de la línea con la mirada hacia el suelo y la risa de mis compañeros de equipo resonando en mis oídos. Todos mis sueños de firmar autógrafos y dar entrevistas televisivas murieron en un campo de fútbol lleno de calcomanías en Angleton, Texas.

Ese día aprendí una gran lección. Si no aprendemos cómo avanzar cuando nuestras rodillas tiemblan y la posibilidad de fallar es cierta, nuestras peores pesadillas pueden hacerse realidad. La vida se trata de aprender a jugar asustados. Ni sospechaba cuánto de esa verdad se podría convertir en mi realidad más adelante en la vida, cuando lo que estaba en riesgo era mucho más que un simple juego de fútbol. Mi vida y la de mi familia estarían en juego.

---

La historia del hijo pródigo en Lucas 15 es una de las historias más conocidas de toda la Biblia. En esencia, es una historia de rebelión y perdón. Habla del egoísmo de un hijo y del amor radical e incondicional de un padre. Pero también es una historia de coraje. Estoy seguro que la conoces: Un muchacho desagradecido toma su parte de la herencia de su familia y la desperdicia en mujeres y carros rápidos. El efectivo se le acaba, sus "amigos" se escapan, y el muchacho que había nacido con una cuchara de plata en la boca acaba luchando con los cerdos para rascar los restos en el fondo del cubo, solo para sobrevivir. Desesperado, avergonzado y sin opciones, decide hacer un último pase bomba. Su plan es regresar a casa y pedirle a su padre que le dé un empleo junto a los hombres que durante toda su vida habían sido sus sirvientes.

Hace su viaje de regreso a casa lleno de vergüenza y encuentra a su padre paseándose por el porche. Pero, al momento en que ve a su hijo, el papá corre a su encuentro, le da su tarjeta de crédito y organiza una fiesta para darle la bienvenida a casa. Como toda gran historia, el final es la mejor parte, pero te pido que nos detengamos por un momento a la mitad del relato. Ponte por un momento en las sandalias de este muchacho, empapadas de orina de cerdo, que se encontraba en medio de un desastre que él mismo había creado. ¿Pensó en verdad que el plan funcionaría? ¿En verdad crees que, mientras caminaba de regreso a casa, el muchacho se decía a sí mismo algo así? "Seguramente van a escribir un libro sobre esto, algún día" La verdad es que, en el mejor de los casos, su futuro era incierto. Ese camino de regreso es la definición de jugar asustado.

> EL CORAJE QUE NACE DE LA DESESPERACIÓN, CUANDO ESTÁS VIVIENDO UNO DE LOS MOMENTOS "AÚN NO" DE LA VIDA, ES PODEROSO Y POSIBLE.

El coraje que nace de la desesperación, cuando estás viviendo uno de los momentos "aún no" de la vida, es poderoso y posible. Si tú das un paso cuando tu dolor te dice que no puedes, hay un Padre amoroso al final del viaje, esperando abrazarte con un anillo y una túnica y darte la bienvenida a la familia. A veces tienes que jugar asustado.

Como sé que es valioso, permíteme intentar ahorrarte un poco de tu tiempo. Si eres la clase de persona que le gustan las fórmulas, de esos que buscan los "3 pasos fáciles para un mejor plan de vida" que resuelva sus desafíos, quizás te resulte mejor cerrar este libro y seguir buscando por ahí. Si tu imagen de un pastor es la de una persona que tiene un desempeño casi perfecto, y del tipo de persona que tiene las respuestas para todas tus preguntas, no soy el hombre que buscas. Probablemente este libro no sea para ti. Entonces, ¿para quién es este libro? Me alegra que hayas preguntado.

Aún No, es un libro para todos aquellos que luchan contra los sentimientos de ser "menos que." Si estás viviendo en un chiquero, ya sea como resultado de tus propias malas decisiones o de las malas decisiones que tomó otra persona. Si estás desesperado o desesperada por que alguien te arroje un salvavidas. Este libro es para el padre divorciado que nunca puede a ver a sus hijos. Es para la madre soltera que se acuesta a la noche preguntándose de dónde obtendrá la fuerza para seguir adelante otro día más. Es para el líder empresarial que aparentemente lo tiene todo, pero que se acuesta en las noches preguntándose por qué su mundo gira fuera de control. Es para la chica universitaria que sabe que no debe medir su valor comparándose con las imágenes retocadas que otros publican en Instagram pero que, sin embargo, no tiene idea de cómo evitar que se le escape el tren. Es para cada persona cuya imagen de Jesús ha sido ensuciada por un maestro, líder o amigo cristiano que les hizo sentir que su problema era la falta de fe. Es para el chico o chica cuyas oraciones no han sido escuchadas y que se han convencido a sí mismos de que "O algo está mal conmigo o algo está mal con Dios, porque esto de Jesús simplemente no funciona para mí." Y, finalmente, es para las miles de personas como yo, que aman a Jesús y aun así sufrimos ataques de pánico, ansiedad o depresión, y que terminan preguntándose qué demonios está haciendo Dios.

Aún No, tiene la intención que dejes de auto-castigarte por estar asustado, y que puedas aprender a vivir con coraje y libertad cuando la vida te presenta la oportunidad de jugar asustado. Se trata de descubrir la verdad acerca de Dios, y de ver cómo Él trabaja a través de las cosas "no-eclesiásticas" más inesperadas. Este libro se trata de que puedas descubrir a un Padre que no está lejos, en algún lugar remoto, esperándote, sino que está aquí, caminando contigo, en medio del quebranto y el desorden en que te encuentras.

Esta es mi historia. Comencemos por el momento en que todo se derrumbó para mí.

CAPÍTULO 1

# UN PUENTE SOBRE LA AUTOPISTA I-35

Soñar despierto es algo verdaderamente extraño. No es algo que uno pueda planear o decidir. Más bien, sucede cuando sucede. Además, no tiene mucho sentido o razón. Uno está ahí, consciente y alerta cuando, aparentemente de la nada, la mente se escapa a otro sitio. La mayoría de las veces, uno ni siquiera sabe que está soñando despierto hasta que se despierta de sueño, y se descubre en medio de ese pensamiento inesperado. Mi reacción habitual en ese momento es: "Guau… ¿Por qué pensé en eso?" La verdad es que no recuerdo muchas de mis ensoñaciones. Simplemente van y vienen. Pero hubo un sueño en particular que recuerdo bien.

Era una calurosa tarde de junio en Texas: hacían 95 grados a la sombra [35 ºC], con una humedad del 150%. El aire acondicionado de mi auto estaba al máximo, acercando la temperatura interna del vehículo a la de un refrigerador. Pero, a pesar que dentro de mi auto hacía casi tanto frío como para conservar carne, yo no lo sentía. El sudor corría por mi cabeza casi calva, mezclándose con las lágrimas y el moco que descendía por mi rostro. Me aferraba al volante con la fuerza de Tom Cruise colgando de un edificio. La canción Mercy Came Running sonaba por décima vez consecutiva a tal volumen que me hacía temblar los oídos. Mi corazón latía rápido una vez más. Iba volando a 70 millas por hora [110 km/h] en una zona de 55 mph [90 km/h] por la carretera Interestatal 35 cuando comencé a soñar despierto. No estoy seguro de cuánto duró, pero cuando me "desperté" me enfrenté con este pensamiento: "Si golpeo el pilar del puente a 70 millas por hora, ¿sabría Mika que lo hice a propósito?"

Esa vez, no fue necesario preguntarme por qué estaba pensando en eso. Sabía exactamente la razón porque estaba soñando con dejar esta vida atrás.

Había llegado a mi punto de quiebre.

---

Era el año 1996, y finalmente estaba viviendo el sueño de estar a cargo de una iglesia, que era un deseo que llevaba conmigo desde mi último año en la universidad. Mi esposa, Mika y yo vivíamos en el lugar perfecto para un par de jóvenes nacidos y criados en Texas, el área metropolitana de Dallas/Fort Worth. Tenía una esposa increíblemente hermosa y dulce, una hija hermosa de 9 años y de cabello rubio llamada Bailey, y un hijo de siete años lleno de vida, llamado Ross. Me había dedicado por casi cuatro años a enseñar acerca de la Biblia y a servir a nuestra familia de la iglesia. Dios nos había bendecido haciendo crecer nuestra iglesia al doble de su tamaño, lo que nos daba un gran entusiasmo. La vida era realmente buena y mi futuro estaba lleno de oportunidades ilimitadas. Al menos eso es lo que parecía para los que me rodeaban. Lo que nadie sabía era que no había podido dormir por más de treinta minutos seguidos en los últimos diecisiete días.

Esa noche, nos acostamos tarde. Mika ha sido bendecida con el tipo de sueño de "aquellos que confían en ti descansarán en perfecta paz". Es de esas personas que ya entran en sueño profundo antes que la almohada quede totalmente comprimida por el peso de su cabeza. Esa noche, mi momento en el puente pesaba en mi cabeza con intensidad y, mientras escuchaba el ritmo de la respiración de mi esposa, mi corazón comenzó a latir con fuerza. Al acelerarse mi corazón, mi respiración hizo lo mismo, volviéndose cada vez más rápida. Mi primer pensamiento fue: "estoy teniendo un ataque cardíaco". El miedo hizo presa de mí, pero no de sufrir un ataque al corazón. Mi verdadero terror radicaba en que no tenía la menor idea de lo que me estaba pasando. Me sentía fuera de control.

Luego de unos diez minutos de intenso pánico, decidí levantarme y caminar a lo largo del pequeño pasillo de nuestra casa para cansarme. (No soy médico, pero estaba improvisando).   Recorrí el pasillo desde las 11:00 de la noche hasta las 4:30 de la mañana siguiente, llorando, negociando con Dios, rogándole, recitando cada versículo de la Biblia, caminando sin parar. Al final, sintiéndome exhausto, derrotado, aterrorizado y sudando como quien acaba de terminar un ultra maratón, me acosté junto a mi esposa, cerré los ojos y me quedé dormido. Al final, dormí unos treinta minutos.

Esa noche fue la primera de diecisiete días seguidos en los que no dormí, apenas comí y debo haber caminado millas y millas por el pasillo de nuestra casa. Había alcanzado un nivel significativo de privación del sueño. Estaba experimentando un nivel de estrés como nunca lo había hecho en mi vida. Perdí casi veinte libras de peso [9 kg]. Esto es lo que sucede cuando caminas casi toda la noche y vomitas la mayor parte de lo que comes.

Esos días fueron insoportables para mí. Tenía una rutina especial para poder completar mi jornada laboral. Los domingos, luego de subirme a mi automóvil para ir a la iglesia, me detenía al costado del camino y vomitaba. Cuando llegaba a la iglesia, apoyaba mi cabeza sobre mi escritorio y sollozaba, diciéndole a Dios que no tenía forma de mantenerme de pie en una habitación llena de gente y predicar. Entonces, alguien tocaba a mi puerta, indicando que era la hora de salir. No sé cómo, pero en todas las ocasiones me las arreglé para salir, pararme detrás del púlpito y predicar. Realmente, no sé cómo lo logré.

En verdad, fue un tipo distinto de enseñanza para mí. No uno recibido por medio de una gozosa revelación, sino por la más total desesperación. Cuando terminaba el servicio, volvía a mi oficina, recostaba la cabeza en mi escritorio y comenzaba nuevamente a llorar. Mika entraba entre servicios para orar por mí y compartir conmigo algún versículo. Entonces, cuando llegaba la hora, salía de mi oficina y volvía a hacer lo mismo. Esta triste canción se repitió durante meses. Me preguntaba: "Dios mío, ¿cómo puede ser que me llames a predicar y me hagas tener que pasar por esta batalla?"

Traté de llegar a un acuerdo con Dios. Le decía: "Señor, si me sacas de esto… Si me dejas poder dormir de nuevo, comer y volver a funcionar, te prometo que contaré la verdad acerca de la batalla que enfrenté. Haré todo lo posible para ayudar a otros que están atravesando esta misma lucha". Quisiera poder decir que Dios me libró de mi tormento de la noche a la mañana, pero no fue así. Lo que puedo contarte es que Él me puso en un camino increíble hacia la libertad.

Nadie podrá convencerme jamás que Dios no hace milagros. Yo viví dos de esos milagros durante mis diecisiete días. El primero de esos milagros fue no chocar con el soporte del puente sobre la I-35 en ese primer día. Permanecer en mi carril requirió todo de mí, pero desde aquel entonces he llegado a comprender que no fui realmente yo el responsable de no chocar. Fue Su poder, por medio de Su gracia, que me impidió hacer lo impensable. Cuanto más tiempo vivo, más me doy cuenta que no tengo suficiente poder para lograr nada. Ese poder es de Él.

Incluso cuando estaba convencido de que se me habían acabado todas las opciones; cuando el padre de todas las mentiras me susurraba en el oído estupideces ultrajantes que hoy suenan totalmente ridículas pero que sonaban muy reales en mi momento de dolor, Dios estaba trabajando en mí. Solo el Dador de la Verdad podía darme lo que yo necesitaba ese día.

El segundo milagro fue que pude mantener esos diecisiete días en secreto, sin que lo supiesen mi esposa y las personas cercanas a mí. Me duele mucho escribirlo, pero fui bueno fingiendo (porque ocultar la verdad era mi objetivo final). Realmente fui bueno para disimularlo. Tan bueno como para esconder el infierno en el que vivía de aquellos que más me amaban. Sin embargo, esas mismas personas fueron las que estaban en mejor posición para ayudarme a encontrar la libertad. Satanás, el maestro del engaño, me convencía que esconderme era protección. Sin embargo, el aislamiento al que me sometí estaba causando estragos en mi bienestar emocional. Esos diecisiete días fueron una temporada oscura que no quiero revivir, pero, al reflexionar, puedo ver la presencia de Dios en aquellos días tan oscuros. ¿Será que necesitas escuchar esto hoy? ¿Necesitas escuchar que, incluso en medio de tu oscuridad, Él está contigo?

Pasaron casi dos semanas antes que me sentara por primera vez en la oficina de un consejero. En esa primera visita escuché las palabras ataque de pánico y trastorno de ansiedad. Así fue como yo, un hombre de personalidad tipo A, ambicioso y emprendedor, tuve que parar. Esos diecisiete días me obligaron a detenerme y mirar dentro de mí. El viaje había comenzado y, como en la mayoría de las travesías, me tocaría hacer un recorrido en zigzag, lleno de altibajos, y de idas y vueltas. En ese proceso aprendí algunas cosas, desaprendí algunas otras y finalmente llegué a sentirme en paz con el hecho de que nunca llegaré. El destino no es un lugar. Lo que importa es la forma que Él me da a lo largo del viaje.

Durante años he dudado, pospuesto y racionalizado acerca de escribir este libro. Y he tenido razones excelentes para demorar, muchas de las cuales podrás leer en las páginas que siguen. El obstáculo más grande fue mi búsqueda de una forma de articular mi historia para que sirva de ayuda a quienes luchan con algo que no es pánico o ansiedad. Si bien mi batalla contra el pánico y la ansiedad es algo real y, además, constituye mi único ejemplo personal de lo que intento compartir contigo, no representa toda la guerra. En verdad, la guerra es más grande que eso. Esta guerra se trata de la mentira que comencé a creer cuando estaba sumido en la batalla: la mentira de que yo no soy suficiente.

**Que no soy lo suficientemente** *bueno.*

**Que no soy lo suficientemente** *santo.*

**Que no soy lo suficientemente** *fuerte.*

**Que no estoy lo suficientemente** *lleno de fe.*

Mi problema se volvió tan severo que llegué a creer firmemente que perdería todo lo que valoraba. Tenía miedo de perder a mi esposa, a mis hijos y mi ministerio. Mirando hacia atrás, veo que esos pensamientos eran injustificados e irracionales, pero en ese momento parecían realidades sólidas. ¿Sabes? Esa es la raíz de la raíz. Tu problema, tu condición, tu debilidad, o como quieras llamarla, termina aislándote. Satanás susurra mentiras en tus oídos, desgarrándote el corazón, debilitando tu fe y haciéndote tropezar. En realidad, no había motivo para creer que esas cosas malas me sucederían, pero estaba convencido de que ocurrirían. El miedo controlaba mi mente, haciendo que

**EN REALIDAD, NO HABÍA MOTIVO PARA CREER QUE ESAS COSAS MALAS ME SUCEDERÍAN, PERO ESTABA CONVENCIDO DE QUE OCURRIRÍAN.**

mis emociones reaccionaran en forma violenta. El cerebro no puede distinguir la diferencia entre una amenaza real y física, versus una amenaza emocional o aparente. El cuerpo responde a la ansiedad con la misma combinación de químicos que libera cuando nos ataca un león o un oso, El miedo no es más que un mentiroso contando una mentira que tu cuerpo cree. La ansiedad prolongada desgarra el cuerpo, y el mío estaba siendo destruido.

Recordando esos días tan oscuros, sé que Dios estaba conmigo. Ahora puedo ver cómo me cuidó por medio de mi esposa, Mika. Dios la dotó de la facultad de ministrarme de maneras verdaderamente asombrosas. Algunos de los momentos más dulces de mi vida fueron cuando ella oraba por mí, leyéndome las Escrituras a las tres de la mañana mientras yo sollozaba sin control.

Irónicamente, aunque Mika fue una gran fuente de consuelo para mí, era a la vez una de mis causas más grandes de estrés. Ella siempre estuvo presente para mí. Sin embargo, incluso con toda su compasión y amor, se le hizo difícil comprender lo que yo estaba atravesando. Yo usaba todas las analogías que se me ocurrían para tratar de ayudarla a comprender, pero le era imposible entenderlo. Al ver que me resultaba tan difícil articular lo que sentía, ella se esforzaba en decir cosas para ayudarme, dándome ideas sobre lo que pensaba que podía hacer para ayudarme, pero lo que decía tendía a empeorar las cosas. Y yo odiaba que nos ocurriese eso. Por mucho que ella me amara y por mucho que yo necesitaba que ella me entendiera, no pudimos evitar la desconexión. Casi siempre habíamos estado en la misma página, pero aquella batalla fue diferente a todo lo que habíamos vivido antes. Fue increíblemente doloroso para mí saber que la persona que más amaba no tenía un marco de referencia para comprender la magnitud de mi lucha. Esta realidad hizo que lo que estaba viviendo fuese aún más difícil.

Una de las piezas clave del rompecabezas de mi ansiedad se reveló cuando comencé a darme cuenta de que ansiaba alcanzar cierta seguridad en mi vida. Necesitaba desesperadamente tener un 100% de garantía de que las cosas saldrían como yo quería. Mi tremenda necesidad de controlar todos los aspectos de mi vida estaba trayéndome altos niveles de ansiedad. Al tiempo que me abría paso a través de esa triste verdad, uno de los versículos que el Señor dio fue:

*"Tuyos son, Señor, la grandeza y el poder, la gloria, la victoria y la majestad. Tuyo es todo cuanto hay en el cielo y en la tierra. Tuyo también es el reino, y tú estás por encima de todo".*[1]

Si bien Dios me había dado a Mika para que fuese una esposa maravillosamente amorosa y solidaria, igualmente, mi satisfacción debía provenir de Él. Mi descanso, mi comodidad y mi paz vendrían de Jesús, no de Mika. Entender esto fue un verdadero punto de inflexión para mí y una parte importante de mi proceso de sanidad fue comenzar a comprender cuánto dependía de ella para cosas que ella no podía darme.

Fue un largo camino, pero con el tiempo, Dios me liberó de las cadenas de la ansiedad. Fue tortuoso, pero en ese dolor, aprendí una verdad esencial:

> *"Por tanto, no nos desanimamos. Al contrario, aunque por fuera nos vamos desgastando, por dentro nos vamos renovando día tras día. Pues los sufrimientos ligeros y efímeros que ahora padecemos producen una gloria eterna que vale muchísimo más que todo sufrimiento".*[2]

Esta verdad me lleva de regreso a la historia del hijo pródigo. Cuando se dio cuenta que estaba en problemas, se vio sin dinero ni recursos. Cuando sus amigos de fiesta habían desaparecido hacia mucho y ya no sabía en dónde buscar ayuda, consiguió un trabajo alimentando cerdos para poder sobrevivir. Sin embargo, esto no resolvió todos sus problemas. Todavía tenía hambre. Su siguiente intento de tratar de arreglar las cosas fue rogar que le permitieran comer un poco del alimento de los cerdos, pero no se lo permitieron. No importaba lo que intentara, no podía encontrar la respuesta a sus problemas.

A menudo se nos enseña que la lección a aprender de la parábola del hijo pródigo es no ser codicioso, no ser mimado. Lo que yo creo es que el hijo pródigo quería tener el control. Quería tener lo que creía que era lo mejor para él, y quería tenerlo de la forma y en el momento en que lo quería. En cierto modo, estaba tratando de ser su propio dios, su propio y minúsculo dios, pero con "d" minúscula. Pero al momento que tomó el asunto en sus propias manos, sintió que el mundo le daba la espalda. Se sintió solo. Al igual que yo, sentía que no le quedaban opciones. Estaba completamente fuera de control.

Tus problemas pueden llevarte a lugares muy oscuros. En ese estado, se siente como si Dios te hubiese dado la espalda, como si te viese como un caso perdido. Nadie parece comprender lo que estás atravesando. El túnel se te hace largo y oscuro, y no hay ninguna luz al final. Pero todo eso son puras mentiras.

Permíteme darte algunas buenas noticias: Dios escucha tus gritos desesperados y ya ha abierto el camino para tu liberación. La respuesta a tu pregunta ya te ha sido dada. El trabajo para liberarte de tu prisión ya está hecho. ¡Jesús vino a liberarte! Dios jamás tuvo la intención de que sus hijos viviesen en la esclavitud, presas del miedo o la preocupación. Él quiere que tu corazón esté feliz y que tu vida esté llena. Su sueño para ti es mucho mayor de lo que puedas imaginar.

No encontrarás la solución en una píldora, en un canto o en ninguna otra solución rápida. El remedio no vendrá a cambio de tu arduo trabajo, por apretar los dientes o lo que sea que creas que puedes hacer por tu cuenta para que tu dolor desaparezca. Claro que puedes dirigir tu mente al propósito de deshacerte de tu "problema," pero si solo cuentas con tu propia fuerza, será imposible. Lo más probable es que tu camino hacia la libertad no sea fácil. Pero puedes tener la seguridad que Jesús conoce el camino, porque Él ya se ha encargado de allanarlo. Tu trabajo consiste en seguirlo y aprender a recorrer el camino.

En ocasiones el camino podrá parecerte largo y complicado. Sin embargo, como alguien que ya ha pasado por donde estás y que ahora vive en libertad, permíteme alentarte con estas palabras: puedes estar agradecido o agradecida por cada paso de tu viaje.

Cada paso que das tiene un propósito. Hay una promesa más allá de tu dolor. Yo le agradezco por mi viaje. El trabajo que hizo en mi me ha bendecido en mi lucha y mucho más allá. Saber que hay esperanza para tu adolorido corazón.

La ansiedad es, fundamentalmente, un problema de control. Entonces, mi pregunta para ti es la siguiente: "¿Quién tiene el control?" Si has prestado atención, sabrás que es muy probable que el miedo te esté controlando. El miedo controla tu mente convenciéndote de que tú conoces la mejor manera de manejar todo en tu vida. Sin embargo, cuando aceptas esa mentira, te das cuenta que no hay forma de hacer que tu plan "perfecto" suceda. Allí es cuando comienza el juego de "qué pasaría si". Pronto caerás agotado, preocupándote acerca de respuestas a cosas sobre las que no podrías controlar jamás.

> ## LA ANSIEDAD ES, FUNDAMENTALMENTE, UN PROBLEMA DE CONTROL

- **¿Qué pasará si** las cosas no salen como las planeé?
- **¿Qué pasará si** no me dan el ascenso que yo sé que me merezco?
- **¿Qué pasará si** mi hija no escoge la universidad que yo sé que es la mejor para ella?
- **¿Qué pasará si** …?

Jesús nos pregunta lo siguiente:

*¿Estás cansado? ¿Agotado? ¿Harto de la religión? Ven a mí. Ven conmigo y recobrarás tu vida. Yo te mostraré como descansar de verdad. Camina y trabaja conmigo.*

*Aprende los ritmos no forzados de la gracia. No pondré nada pesado sobre ti o algo que te quede mal. Hazme compañía y aprenderás a vivir libre y ligeramente.[3]*

¡Yo sé lo que se siente no dormir durante siete, ocho, doce, diecisiete días! Sé lo que se siente estar lleno de vergüenza e impotencia, porque mi vida estaba fuera de control. Mi historia está llena de desilusiones, desvíos, oraciones no respondidas... y muchísimas preguntas. Pero también está llena de la creencia inquebrantable de que Dios aparece en los momentos "Aún No" y obra lo que solo Él puede hacer.

Quizás tu lucha no sea un problema emocional. Tu lucha puede ser física, o en tus relaciones. Un divorcio, una adicción, una bancarrota o enfermedad pueden haberte dejado vulnerable a la mentira de que no eres suficiente, de que si fueses mejor (o si Dios fuese real) todo se solucionaría para ti.

Te invito a comprometerte a seguir leyendo estas páginas. Comprométete a dar otro paso. Es posible que este libro no sea fácil de leer. Puede resultar difícil para ti creer en la esperanza de la que te estoy hablando. He recorrido un largo camino desde aquel día en la I-35. Dios ha sido fiel en cada paso que di, y yo creo por ti, cuando no puedes creer por ti mismo. Mi oración es que encuentres una nueva definición de libertad.

Aquí vamos.

## NOTAS FINALES

1. 1 Crónicas 29:11
2. 2 Crónicas 4:16-17
3. Mateo 11:29-30. Traducción libre de "El Mensaje" (MSG).

CAPÍTULO 2

# LA SENTENCIA DE PRISIÓN

La vida de los niños de doce años de edad en mi pueblo del sur de Texas era un gran juego de "El rey de la colina", tal como había sido por generaciones. Quien ocupara la cima de la colina debía luchar para no tener que compartir su posición. Como es natural, había peleas para estar en la cima, pero nuestra versión del juego no era exactamente las de los demás niños. Para nosotros, ser el "rey" no era únicamente cosa de fuerza bruta y poder. En mi grupo, lo que determinaba el estatus era el deporte, y vivíamos por el béisbol. La capacidad de golpear, correr, atrapar y lanzar una pelota de béisbol determinaba nuestro lugar en el orden jerárquico. Nuestro desempeño en el béisbol era lo único que importaba. Ser seleccionado para el equipo de las estrellas[1] equivalía a recibir una estrella dorada de aprobación entre los muchachos.

El equipo de béisbol no era un problema para mí. Estar entre chicos era la forma ideal de pasar primaveras y veranos. El conflicto se produjo porque los juegos de las estrellas eran los miércoles por la noche y mi familia iba a la iglesia los miércoles por la noche, sin excepciones. Yo era muy competitivo y, además, tenía un hermano mayor. Ser aceptado en el equipo no fue problema para mí. Pero, convencer a mi padre de que me permitiera no asistir a la iglesia los miércoles por la noche para jugar béisbol... ese sí que era un problema insuperable.

"Lo siento, hijo, pero ya estás comprometido los miércoles", me dijo mi padre. Mi corazón dio un vuelco al escuchar su sentencia. La alegría de haber entrado al equipo quedó aplastada por el compromiso obligatorio que mi padre había programado para los miércoles por la noche. Esa noche, yo debería haber estado soñando con atrapadas de pelota y jonrones. En cambio, mi rostro estaba cubierto de lágrimas. Desde luego, yo quería jugar en el equipo de las estrellas, y estar cerca de mis amigos que querían lo mismo. Pero mi corazón quedó detenido a escasos centímetros de la celebración. Darme cuenta que prefería jugar béisbol a ir a la iglesia me llenó de una sensación de vergüenza que, en ese momento, no podía entender.

Esa noche me dormí creyendo la mentira que *un buen chico jamás elegiría el béisbol por sobre Dios. Entonces, seguramente yo no era buen chico.* Así fue como, aceptar con sinceridad una mentira acerca de algo tan insignificante como el béisbol fue el comienzo del sistema de creencias equivocado que me acompañaría por la mayor parte de mi vida adulta. Ese fue el momento en que verdaderamente comencé a cuestionarme si es que en verdad podría yo ser lo suficientemente bueno para Dios. Pasarían más de treinta años antes de que finalmente estuviese listo para que Dios me mostrara cómo esa mentira me había marcado y los terribles estragos que había causado en mi vida.

El béisbol no era el único aspecto de mi vida en el que mi rendimiento era una prioridad. La iglesia era otra forma del mismo juego del rey de la colina. Las lecciones de la escuela dominical me llevaron a creer que los niños que tenían el mejor comportamiento hacían feliz a Dios y que, por consiguiente, los chicos malos daban tristeza a Jesús y a los maestros de escuela dominical. Yo sería el primero en admitir que entristecía a Jesús, ¡Y MUCHO! Ni siquiera me atrevo a suponer qué tan tristes hice sentir a mis maestros de la escuela dominical.

En general, me veía a mí mismo como un chico malo que verdaderamente intentaba ser bueno. En lo que me sentía más exitoso era en que siempre quedaba corto en mis esfuerzos. Ser bueno se sentía como estar complicado entre la tercera base y la base del bateador. Verdaderamente, me hice un campeón en presionarme a mí mismo.

---

Un domingo de mis primeros años de adolescencia, habíamos ido a la iglesia, como era habitual la mayoría de los domingos por la mañana. Recuerdo vívidamente que ese domingo vi a uno de los líderes de nuestra iglesia ponerse de pie y anunciar los pecados de otro miembro de nuestra iglesia. No recuerdo sus palabras exactas, pero me sentí completamente seguro que, desde ese día, el acusado sería considerado por todos como un chico muy malo. Se nos indicó a todos que "no tuviésemos nada que ver con él". Ese hijo amado había sido denunciado. Puesto en la lista negra. Lo más probable es que jamás encontraría el camino de regreso a la cima de ninguna de nuestras colinas.

Más tarde ese mismo día, todas las conversaciones del almuerzo dominical entre mis tíos, tías y primos se centraron en el anuncio de "letra escarlata" que habíamos presenciado. Entre todos, decidieron cuál sería la respuesta adecuada de nuestra familia: Si por casualidad nos topásemos con ESE hombre en nuestra pequeña ciudad, no le daríamos ni la hora del día. Se nos ordenó que no le dirigiésemos la palabra. Debíamos abstenernos de toda interacción con él. Ese personaje ya no era parte de nuestro círculo sagrado.

Durante esa tarde y hasta bien entrada la noche, no podía dejar de sentirme atormentado por las repercusiones del anuncio. Mi mente se esforzaba por comprender la discusión sincera y abierta que mi familia había tenido acerca de la caída en desgracia de ese respetado hombre. Mi corazón luchaba por navegar el abrupto y repentino final de su puesto como rey de nuestra comunidad. Me preguntaba a mí mismo que, si eso podía pasarle a una persona así, ¿qué debería hacer para evitar que algo así me ocurriese mí? Mi estómago se hundió al darme cuenta que, sea lo que sea, probablemente no sería suficiente.

Esa noche, me acosté en mi cama preguntándome cuándo llegaría el día en que otras familias se sentarían un domingo en su mesa a hablar de mí. Sentía en mi corazón que eso sería inevitable. Sabía que no había salvaguarda que pudiese evitar mi fracaso. Estaba seguro que, para mí, la caída desde la cima de la colina se encontraba a la vuelta de la esquina. Era muy consciente de los lugares oscuros en mi alma, y de los errores que cometía a diario. ¿Sería que los demás juzgarían las peores decisiones de mi vida? Mentalmente, hice una lista de todos los errores que había cometido. Desmentí todas mis posibles excusas y examiné cada escena con una lupa, estudiando sistemáticamente los detalles de cada momento en que me había salido del camino correcto. Nuevamente me sentí como el niño que había preferido el béisbol y sentí que las decisiones que había tomado harían que Dios no pudiese sentir felicidad por mí.

Me sentía a la vez, profundamente consciente de mis errores y lleno de vergüenza. Quizás en esa época de mi vida empecé a creer que jamás podría ser completamente amado si alguien llegara a conocerme por completo. Una por uno, comencé a colocar los barrotes de mi propia y auto-impuesta prisión. Mentira a mentira, fui construyendo una celda sobre la base precaria y arenosa de creer que la aceptación era lo mismo que el rendimiento. Cada día me sentía más y más desdichado. Lo irónico era que todo este proceso se me hacía algo espiritual. Comencé a sentirme santo por maltratarme a mí mismo. Cuanto peor me sentía acerca de mí mismo, creía que me hacía más digno. Las disciplinas malsanas que me convertirían en un "buen chico" quedaban grabadas en mi corazón, que se volvía cada vez más duro, como piedra. Había dibujado líneas de foul en todas las direcciones, y estaba firmemente decidido a vivir sin salirme de ellas. Estaba seguro que, si oraba lo suficiente, si salía con las personas adecuadas, si hacía esto, si no hacía aquello... seguramente podría llegar a ser bueno.

> EMPECÉ A CREER QUE JAMÁS PODRÍA SER COMPLETAMENTE AMADO SI ALGUIEN LLEGARA A CONOCERME POR COMPLETO

Desempeño.

Ser lo suficientemente bueno.

Control.

Ser mejor.

Mi plegaria era: "Dios. Por favor, ayúdame a ser mejor".

La respuesta interna a mi sentencia de prisión fue bajar la cabeza y esforzarme más. El deseo de lograr, de llegar a la cima de la colina, era parte de mi ADN. Si quería ser aceptado tenía que *ser mejor*. Yo era un niño extrovertido y decidido de esos que creen que "si no eres el primero, eres el último". La verdad es que a mi madre y a mi padre realmente les hubiera encantado que me hubiese dedicado así a mis tareas de la escuela (cosa que no era así). Por dentro, todos los días me sentía que era un fracaso, pero ocultaba mis inseguridades bajo mi personalidad extrovertida. Hacía cualquier cosa que me sirviera para agradarle a mis compañeros y amigos y ser aceptado por ellos.

Mi familia era una familia de gente con grandes logros. Mi madre era maestra de primaria y mi padre era entrenador de secundaria. Mi familia tenía expectativas, como la mayoría de las demás familias. Algunas se decían en voz alta, y otras simplemente se daban por entendidas. Mi padre nos crió a mi hermano a mí de la misma forma que los entrenadores deportivos hacían con sus equipos en los años 60 y 70. A este enfoque le llamo: "puedes hacerlo mejor".

"Hijo, esa fue una gran división de cuarenta, pero *creo que puedes hacerlo mejor*".

"Hijo, esa fue una gran entrada, pero *creo que puedes hacerlo mejor*".

"Hijo, fue un gran partido, pero *creo que puedes hacerlo mejor*".

**"Creo que puedes hacerlo, pero si no puedes, puedo encontrar a alguien que sí pueda".**

Ciertamente, en muchas situaciones la verdad era que yo podría haberlo hecho mejor. Podría haber practicado un poco más por las tardes. Podría haber estudiado un poco más por la noche. Podría haberme aplicado un poco más en la escuela. Podría haber pedido una tutoría o ayuda cuando mis calificaciones comenzaron a bajar. Pero no hice ninguna de esas cosas buenas que podrían haberme servido de ayuda. Mi papá es un hombre increíble y no tengo ninguna duda de que me amaba y quería lo mejor para mí. Tampoco recuerdo haberle pedido ayuda a mi madre para mejorar mis calificaciones. Internamente, me decía a mí mismo que debía hacer las cosas bien por mí mismo. Creía que si le pedía ayuda a mamá o papá se darían cuenta de que yo realmente era un fracaso. Se enterarían de mi secreto, y me sentía demasiado avergonzado de quién era para decirles cuánto me estaba costando.

Ahora me doy cuenta que debí hablarlo con ellos. No estaba ni cerca de ser perfecto, y lo sabía. Pero si tomamos una profunda inseguridad revestida de una personalidad extrovertida y la combinamos con el estilo de crianza "más, mejor, más rápido", el resultado es que el niño comenzará a creer que jamás podrá ser lo suficientemente bueno. Yo sabía que mi papá me amaba, pero en el fondo estaba convencido de que yo era una decepción para él. Este se convirtió en el tema repetido de mis años de secundaria. Jamás olvidaré el día que me fui a la universidad. Papá me veía con lágrimas corriendo por sus mejillas. A medida que me alejaba, pensaba para mi adentros: voy a demostrarle a mi papá que puedo llegar a ser alguien. Él va a estar orgulloso de mí algún día. La universidad era mi próxima gran oportunidad para ser mejor.

＊＊＊

¿Te encuentras ahora en esa posición? ¿Sientes que tienes algo que demostrar? No estás solo. He conocido a muchos hombres y mujeres que, luego de atravesar el rechazo de un divorcio, se dedican a demostrarle a su ex cónyuge y a los demás que son dignos. Conocí a personas cuyo padre o madre se fueron de su hogar cuando eran pequeños y que en algún lugar de su corazón decidieron que eso había sido culpa suya. Una de mis queridas amigas me contó que comenzó a beber cuando tenía once años para acallar el dolor de que su madre no la amaba ni la valoraba. Muchas personas de mi generación han tomado malas decisiones en vida, como un intento desesperado de conseguir que una figura de autoridad en sus vidas les dijese: "¡Así se hace!".

Uno de los grandes problemas que trae esta forma de pensar es que jamás llegaremos a nuestro destino. Siempre habrá otra montaña más alta que escalar. Nunca serás lo suficientemente bueno si escuchas voz de un padre, compañero o amigo que te dice: "¿Es eso lo mejor que puedes hacer?"

En esto, nuestra cultura no nos ayuda. Nuestro mundo aplaude y valora un estilo de vida lleno de determinación y los logros que trae aparejados. Y, en mi opinión, la iglesia suele exacerbar este problema. La cultura de "dispararle a nuestros propios heridos" se ha convertido en un problema recurrente que no es nuevo para la comunidad de la iglesia y necesitamos erradicar. Los chismes en los "círculos de oración" y en las conversaciones de la cena dañan a los demás y los obligan a vivir con el temor constante de convertirse en el tema de la próxima reunión. Todavía caemos en la práctica de avergonzar a los demás. Quizás no sea tan evidente como esa declaración de "no tener ninguna relación con este hombre" que presencié en mi niñez, pero cualquier problema relacionado con la salud mental o emocional suele ser visto por muchos como una falta de fe. El mensaje sutil de "comportarse o ser rechazado" aún sigue bien vivo. Hay demasiados "lo que tienes que hacer es…" y demasiado pocos "a mí también" en nuestros sermones y en las publicaciones de nuestros blogs.

Mi experiencia me dice que si operamos bajo la mentalidad de "no eres lo suficientemente bueno", cada éxito traerá más presión para lograr más y ser más, porque si alguna vez los demás descubriesen quién eres realmente, todo tu castillo de naipes se derrumbará.

Mi meta final era lograr la aceptación, y esto hizo que la felicidad ajena se convirtiese en mi ídolo. Comenzó con mi padre, pero esto luego se proyectó en otras figuras paternas de mi vida y alimentó un esfuerzo irracional de asegurarme que todos estuviesen felices conmigo. Hacer felices a los demás no es algo malo, pero vivir nuestra vida para lograr la aceptación de los demás se conoce en la Biblia como "el miedo al hombre", y es una trampa que conozco muy bien.

He sido bendecido durante mi vida adulta con la gracia de participar en dos ministerios en crecimiento. El crecimiento es algo bueno, pero cuando uno hace que el rendimiento se convierta en la meta de la vida, una iglesia en crecimiento se convierte en más opiniones para comparar y más personas para complacer. Varias veces me hallé recostado en la cama "reproduciendo la cinta" en mi cabeza de las conversaciones que debería haber tenido de manera diferente, de los

> CUANTO MÁS PÚBLICO SE HIZO NUESTRO MINISTERIO, MÁS PRESIÓN SENTÍA

sermones que debería haber predicado mejor, de las formas en que estaba fallando como esposo y padre. Cuanto más público se hizo nuestro ministerio, más presión sentía. En algún nivel, estaba aterrado de disfrutar mi vida. No me sentía merecedor de ninguna alegría, por lo que ser espiritual era lo mismo que ser desdichado. Estaba atrapado y no sabía cómo salir de mi prisión.

Mi "espina en la carne" es un trastorno de ansiedad/pánico y la batalla contra la depresión que suele acompañar inevitablemente esos ataques. Quizás tu espina sea un problema de salud emocional como el mío o algo que sea parte de una categoría completamente distinta. Algunos de ustedes pueden tener problemas de salud, problemas de dinero, o estar atravesando el infierno del divorcio. Es posible que tengas un hijo o una hija con los que no has hablado en años, o una batalla contra la lujuria o una adicción que pareciese que no puedes vencer. No importa en qué categoría esté tu "espina"; el resultado es el mismo: nos sentimos "menos que". Nos sentimos menos que el compañero de trabajo, que el vecino, el amigo o la pareja que se sienta frente a nosotros en la iglesia todos o casi todos los domingos.

Me tomó años darme cuenta de que mi problema no es mi problema. (Tenme paciencia). No digo que estos desafíos que mencioné recién (y muchos otros) no sean verdaderos desafíos. No quiero insinuar que Dios no quiere traer sanación a tu problema. Lo que estoy diciendo es que mi verdadero problema no es la ansiedad, sino las mentiras que suelo creer cuando el dolor de esa espina aparece en mi vida. Me refiero a mentiras como:

- Soy "menos que" lo que sería si leyese más de la Biblia, si orase más, si amase a Dios más. Si hiciera estas cosas, no estaría luchando esta batalla.

- Mis ataques de pánico son un indicador de mi nivel de fe, y si las personas supiesen lo profunda que es mi depresión, si pudiesen escuchar la locura de mis pensamientos cuando soy presa de un ataque de pánico, no querrían saber nada de mi.

- Soy una carga para mi esposa, mis hijos, mi personal, para mis líderes y para nuestra iglesia.

El dolor produce miedo, ¡y el miedo es mentiroso! Pablo dijo que su espina le fue dada para volverlo más humilde (y la humildad es algo hermoso). Pero esa espina que Dios trajo permitió que viniese a nuestra vida (¿Acaso importa de dónde viene? ¡Es una espina, y duele!) cuando se combina con las mentiras del pozo del infierno podría destruirte si las crees con la suficiente fuerza.

Esta batalla de ansiedad/pánico me agotó en lo emocional, en lo físico y en lo espiritual. Volvamos a las palabras de Jesús cuando nos habló de un hijo que se había quedado sin opciones:

*Un hombre tenía dos hijos. El menor de ellos le dijo a su padre: "Papá, dame lo que me toca de la herencia". Así que el padre repartió sus bienes entre los dos.*

*Poco después el hijo menor juntó todo lo que tenía y se fue a un país lejano; allí vivió desenfrenadamente y derrochó su herencia. Cuando ya lo había gastado todo, sobrevino una gran escasez en la región, y él comenzó a pasar necesidad. Así que fue y consiguió empleo con un ciudadano de aquel país, quien lo mandó a sus campos a cuidar cerdos. Tanta hambre tenía que hubiera querido llenarse el estómago con la comida que daban a los cerdos, pero aun así nadie le daba nada.*

*Por fin recapacitó y se dijo: "¡Cuántos jornaleros de mi padre tienen comida de sobra, y yo aquí me muero de hambre! Tengo que volver a mi padre y decirle: Papá, he pecado contra el cielo y contra ti. Ya no merezco que se me llame tu hijo; trátame como si fuera uno de tus jornaleros".*

*Así que emprendió el viaje y se dirigió a donde estaba su padre. Todavía estaba lejos cuando su padre lo vio y se compadeció de él; salió corriendo a su encuentro, lo abrazó y lo besó. El joven le dijo: "Papá, he pecado contra el cielo y contra ti. Ya no merezco que se me llame tu hijo". Pero el padre ordenó a sus siervos: "¡Pronto! Traigan la mejor ropa para vestirlo. Pónganle también un anillo en el dedo y sandalias en los pies. Traigan el ternero más gordo y mátenlo para celebrar un banquete. Porque este hijo mío estaba muerto, pero ahora ha vuelto a la vida; se había perdido, pero ya lo hemos encontrado".*

*Así que empezaron a hacer fiesta. Mientras tanto, el hijo mayor estaba en el campo. Al volver, cuando se acercó a la casa, oyó la música del baile. Entonces llamó a uno de los siervos y le preguntó qué pasaba. "Ha llegado tu hermano —le respondió—, y tu papá ha matado el ternero más gordo porque ha recobrado a su hijo sano y salvo".*

*Indignado, el hermano mayor se negó a entrar. Así que su padre salió a suplicarle que lo hiciera. Pero él le contestó: "¡Fíjate cuántos años te he servido sin desobedecer jamás tus órdenes, y ni un cabrito me has dado para celebrar una fiesta con mis amigos! ¡Pero ahora llega ese hijo tuyo, que ha despilfarrado tu fortuna con prostitutas, y tú mandas matar en su honor el ternero más gordo!"*

*"Hijo mío —le dijo su padre—, tú siempre estás conmigo, y todo lo que tengo es tuyo. Pero teníamos que hacer fiesta y alegrarnos, porque este hermano tuyo estaba muerto, pero ahora ha vuelto a la vida; se había perdido, pero ya lo hemos encontrado".[2]*

El hijo no tenía comida, ni trabajo, ni hogar. Había tocado fondo y no le quedaban opciones. Me encanta la siguiente frase de esa historia: "Recapacitó". La parte terrible del dolor es lo mucho que duele. Sin embargo, la parte bella que tiene es que te ubica en la posición de tener que pensar en un nuevo enfoque.

Yo estaba al final de mí mismo. No pude orar a mi manera, cantar a mi manera o leer a mi manera para salir del infierno de estar viviendo oleadas de pánico en forma constante. No me quedaban opciones. Necesitaba una salida de la prisión que me había creado. Al igual que el hijo pródigo, necesitaba correr a casa de mi padre. El dolor me obligó a sacar la llave de mi prisión del bolsillo y hacer lo que más me aterrorizaba. Así fue que, en el piso de un baño en Keller, Texas, finalmente lo dije en voz alta.

## NOTAS FINALES

1. All-Star, en inglés.
2. Lucas 15:11–32

CAPÍTULO 3

# DÉJAME SALIR

Un amigo mío tenía la costumbre de gritar desde las gradas al equipo de baloncesto femenino cuando tocaba jugar a la defensiva: "¡La presión hace explotar las tuberías!" Todos sonreían cuando les gritaba eso. Me acabo de acordar del día viernes.

El día diecisiete.

El día diecisiete era viernes. Era mi día favorito de la semana. Los niños estaban en la escuela y los viernes eran mis días libres, así que con mi esposa habíamos decidido desde los comienzos de nuestro matrimonio que reservaríamos ese día para los dos. A veces íbamos al cine. Otras, salíamos a desayunar con amigos. En ocasiones, aprovechábamos para hacer proyectos en nuestra casa. Yo sabía que ese viernes iba a ser distinto del resto de nuestros "días de cita", y definitivamente no la clase de actividad que hubiese querido marcar en el calendario.

Mika estaba en el baño, maquillándose y preparándose para el día, sentada frente al espejo. Me paré afuera de la puerta, ensayando mi discurso, pero no podía hilar ni siquiera dos palabras. Cada vez que comenzaba el discurso en mi cabeza, mi imaginación estallaba con secuencias que mostraban los peores escenarios posibles al final de nuestra conversación. Estaba totalmente aterrado. Sentía que no podía respirar. Me acerqué a la puerta al menos cinco veces, era incapaz de apoyar mi mano en el picaporte y entrar. Es difícil de explicar, pero me sentía como si estuviese en medio de dos equipos rivales jalando de la misma cuerda en direcciones opuestas. Una parte de mí estaba convencida de que este sería el final de mi matrimonio y me sentía aterrado. La otra parte de mí creía que no merecía tener una familia como la mía, y en el fondo tenía la extraña sensación de alivio porque finalmente recibiría mi merecido. La presión aumentaba y aumentaba, y me sentía a punto de estallar. Finalmente entré, me senté en el suelo junto a Mika, respiré hondo y dije: "Necesito decirte algo".

Confesión.

Jesús dijo: "y conocerán la verdad, y la verdad los hará libres".

James Garfield dijo: "La verdad te hará libre, pero antes te hará desdichado".

La verdad es que necesitaba ser libre y me sentía terriblemente desdichado. Quizás las palabras de Garfield te hagan reír un poco, pero las palabras de Jesús son poderosas y conmovedoras. La verdad te hará libre, pero lo inverso de ese principio también es cierto. Si la verdad te libera, una mentira te hará vivir encerrado y prisionero. Así es como estaba yo ese día viernes. Vivía encarcelado por las mentiras en las que había creído durante tanto tiempo. Era como si estuviesen repitiéndose en mi mente una y otra vez, sin parar. Mis mentiras eran barrotes que no podía romper ni doblar, y lo único que quería era que alguien me dejase salir.

*Nunca serás lo suficientemente bueno.*

*Tienes que ser perfecto.*

*Jamás estarás a la altura.*

*Tu ansiedad es un castigo por tu falta de fe.*

*Te mereces la desdicha en la que estás viviendo.*

Hacía tanto tiempo que escuchaba esas mentiras que se habían convertido en "mi verdad". Este tipo de verdades siempre serán el enemigo de la verdad real. El efecto de creer esas mentiras por tanto tiempo era una profunda sensación de vergüenza. Estaba tan decepcionado conmigo mismo que me había convencido de que si la gente pudiese conocer mis miedos, mis dudas y mis luchas, ya no querrían tener nada que ver conmigo. Nuevamente me había convertido en el niño del campo de béisbol. Estaba atrapado en un ciclo en que, habiéndome cuestionado si Dios me veía como suficientemente bueno, creía que podría volver a tener control si me esforzaba un poco más. No solo vivía desdichado, sino que además creía que me merecía cada gramo de culpa que sentía, por el estado en que me encontraba.

*Lleno de vergüenza.*

*Solo.*

*Aislado.*

*Déjame salir.*

La vergüenza nos convence de la idea que todo en nosotros es defectuoso. Es importante aclarar que vergüenza no es lo mismo que culpa. Mientras que la culpa se refiere a algo que hemos hecho, la vergüenza no se trata de mal comportamiento, sino que nos convence de que somos malos. La vergüenza no se relaciona con lo que hemos hecho sino con quiénes somos. La vergüenza dice: "no sirves", y con eso eclipsa y nubla todo pensamiento o emoción. Penetra tu alma hasta que destruye tu auto-estima. Entonces te alejas de los demás, buscando consuelo en el aislamiento o, cuando menos, en evitar quedar expuesto. El aislamiento es otra herramienta del enemigo. Cuando te aíslas, te separas de los que te aman y pueden ayudarte a superar tus problemas. Es terriblemente cruel que estemos rodeados de ayuda, pero convencidos de que estamos solos. La soledad es saludable porque te permite acallar el ruido y conectarte con Dios. Pero el aislamiento es brutalmente dañino porque ahoga la voz de Dios y hace que te desconectes de todos.

Podemos aislarnos o quedar aislados como consecuencia de nuestros actos. Los científicos han estudiado los efectos del aislamiento bajo la forma de confinamiento solitario. Según Psychology Today, el confinamiento solitario tiene un impacto significativamente sobre el funcionamiento del cerebro. "Como castigo, el confinamiento solitario se acerca a una forma de tortura, con graves consecuencias para la salud neurológica. Equipos de investigadores están investigando más a fondo los efectos profundos de esta práctica y estudiando la posibilidad de que sea regulada de modo tal que se mantenga la actividad física, la entrada sensorial y los ritmos circadianos, para evitar cambios profundos en el cerebro".[1]

El aislamiento te afecta tanto mental como físicamente. Crea un ambiente opresivo que Dios jamás quiso para nosotros. Cuando mezclamos aislamiento con vergüenza, tenemos una combinación venenosamente poderosa. Juntos, la vergüenza y el aislamiento erosionan tu sentido del auto-valor, convenciéndote de que no mereces ser amado o amada. Susurran a tu alma que "No eres suficiente", y comienzas a creerlo. Con el correr del tiempo, si te aíslas por suficiente tiempo, comenzarás a dudar incluso de las cosas buenas. Cuando sientes que te ocurre algo bueno, comienzas a desconfiar de esos sentimientos y, en lugar de sentir alegría, comienzas a temer que pronto ocurra "lo que tiene que ocurrir". Esta sensación constante de angustia atormenta tu alma.

CUANDO MEZCLAMOS AISLAMIENTO CON VERGÜENZA, TENEMOS UNA COMBINACIÓN VENENOSAMENTE PODEROSA

Ese es el lugar donde yo me encontraba ese día viernes. Créeme cuando te digo que confesar lo que sentía ante Mika no fue un acto de coraje sino de desesperación. Me había quedado sin opciones. Sabía que estaba en el fondo de un valle del que no podía salir solo. Mi corazón latía con fuerza, me sudaban las palmas de las manos y podía sentir la tensión en cada uno de mis músculos, a la vez que reunía el coraje para decir:

"Mika, estoy en problemas".

"Creo que me estoy volviendo loco".

"No sé qué hacer..."

Las palabras se quedaban ahogadas en mi garganta. Me corrían las lágrimas por el rostro, y más palabras salieron de mi boca como un torrente. Le conté todos mis miedos irracionales. Me abrí y le conté todos los pensamientos negativos con los que había estado luchando: las falencias que sentía como esposo y como padre, mis fallas como amigo. Finalmente, le dije toda la verdad acerca de cómo no podía dormir ni controlar mi respiración, y lo aterrado que me sentía cuando mi corazón no paraba de acelerarse.

Me escuchó sin interrumpirme, dejándome contarle todo. Finalmente, sintiéndome totalmente agotado, finalmente pude decirle: "Lamento mucho en lo que me he convertido. Te mereces algo mejor que esto. Te mereces algo mejor que yo".

Se me acabaron las palabras.

Se me acabaron las lágrimas.

Ya estaba fuera.

Déjame salir.

Mi cabeza cayó sobre mi pecho, agotada. Me quedé allí sentado, creyendo que ella finalmente saldría por la puerta. Eso era lo que esperaba. Eso era lo que sentía que me merecía.

Pero ella no salió.

No se fue.

Se quedó.

Con su dedo índice, levantó suavemente mi barbilla. Mis ojos hinchados y enrojecidos se encontraron con la clara amabilidad de los suyos. Con voz suave pero fuerte y llena de gracia, susurró: "Toby, no sé qué es esto, pero lo superaremos juntos. Eres un buen hombre y te amo".

Sacudí mi cabeza, sin atreverme a creer que ella pudiera amarme en todo mi desorden, pero sus ojos sostuvieron la mirada. Ella seguía hablando conmigo. Oró mientras me consolaba. Dijo muchas cosas ese día, la mayoría de las cuales no recuerdo con precisión, pero esas dos frases que recuerdo quedaron grabadas para siempre en mi memoria. Esas frases estaban llenas de amor incondicional. Jamás podríamos olvidar una experiencia que nos inunde con amor incondicional.

En la casa donde crecí teníamos un patio que daba a la iglesia católica local. Muchos de mis amigos asistían a esa parroquia. A menudo veía sus automóviles en el estacionamiento, las tardes de lunes a viernes. Un día, le pregunté a una de las chicas que conocía por qué su automóvil estaba allí todas las semanas cuando no era domingo. Me dijo, "Voy a confesarme".

Como un niño que se crió en la Iglesia de Cristo, no tenía paradigma que me explicase la idea de la confesión. Me preguntaba a mí mismo: ¿Sentarte en una cabina y contarle a alguien todos tus errores, cada semana? ¿Para qué se apuntaría alguien a hacer algo así? Sin embargo, ese viernes por la mañana en el piso del baño de mi casa en Keller, Texas, empecé a comprender el poder que se esconde detrás del principio de la confesión. Escucha las palabras de Santiago, el hermano de Jesús:

*"Por eso, confiésense unos a otros sus pecados, y oren unos por otros, para que sean sanados..".[2]*

La prisión de la vergüenza y el castigo del aislamiento son producto de la mentira. "Si alguna vez me conociesen de verdad, perderé la posibilidad de ser completamente amado". La verdadera crueldad de creer esta mentira es que aquello que es lo único que podría comenzar a liberarte es a lo que más le temes. Por el contrario, jamás podría ser amado completamente a menos que me conozcan completamente. No podríamos vivenciar el amor incondicional si no nos ponemos en la posición de ser amados sin condiciones. ¿Espantoso? Sí. Pero, ¿necesario? Totalmente.

Decir la verdad acerca del lugar dónde te encuentras, de los miedos que sientes y las mentiras que te cuesta dejar de creer es la llave que comenzará a abrir las puertas de tu prisión. No sé quién lo dijo, pero es cierto: no hay ninguna curación en esconderse. Santiago dijo que confesar nuestros pecados los unos a los otros trae sanación. Entonces, lo inverso de ese principio es también verdad. Si la confesión te cura, los secretos te enferman.

Los miedos irracionales parecen muy reales mientras los estamos sintiendo. Yo estaba convencido de que Mika me iba a abandonar ese mismo día. Ahora me parece una locura, pero en ese momento no; eso se sentía como si fuese una realidad. Quizás el desafío que tú enfrentas sea distinto del mío, pero no importa los temores que enfrentes, la progresión es siempre la misma.

- Los miedos se fundamentan en mentiras.
- Las mentiras nos llevan a la vergüenza.
- La vergüenza nos lleva al aislamiento.
- El aislamiento nos lleva a la prisión.
- La única forma de salir es dejar entrar a alguien.
- Dilo en voz alta, confiesa, y observa cómo la vergüenza pierde su poder. Sánate.
- El miedo pierde su fuerza cuando queda expuesto.
- La oscuridad se aclara... y tu espíritu también.

Como alguien que ha vivido allí, quiero animarte a luchar contra el impulso de esconderte detrás de los muros de tu prisión. Sé que ese impulso es real porque lo he vivido en mí mismo. Hay momentos en los que hoy en día sigue siendo más cómodo para mí guardarme la llave de mi prisión en el bolsillo, ponerme una gran sonrisa y tratar de engañar a los demás para que crean que soy (o que no soy) algo en particular. Esta es una forma agotadora de vivir que te quita la vida. Yo lo sé, porque casi acaba conmigo.

En casi todas las ocasiones en que me abro y comparto con alguien acerca de la ansiedad y mi batalla contra el sentimiento que soy "menos que", alguien me contacta y hace algún comentario acerca de mi "valiente autenticidad". Si bien aprecio sus amables palabras, yo no veo a la autenticidad como una forma de valentía. Yo veo a la confesión como mi arma principal en la batalla por mi corazón. Contarle la verdad a mi esposa, a aquellos que siento más cercanos a mí, y a la familia de mi iglesia es algo que me hace más humilde, y Él, quien me creó, da gracia a los humildes. Necesito gracia.

> VEO A LA CONFESIÓN COMO MI ARMA PRINCIPAL EN LA BATALLA POR MI CORAZÓN

La confesión es un arma.

La confesión trae sanación.

La confesión es buena para mi alma.

Posiblemente seas como yo, y sientas que es vergonzoso admitir tus miedos. Igualmente, admítelos. Puede ser que personas bienintencionadas intenten arreglar lo que no se puede arreglar cuando compartas honestamente dónde estás en tu vida. Igualmente, dilo en voz alta. No siempre sentirás el amor incondicional, y eso duele, pero no vuelvas a la vida superficial. Quizás eso se sienta bien en el momento, o incluso lo sientas como una protección. Sin embargo, el resultado es que tu alma quedará encerrada en una prisión que tú le has construido. Busca una comunidad donde puedan conocerte y amarte por completo. Vive la libertad que solo llega cuando no tienes nada que ocultar.

Sé conocido.

Sé amado.

Libérate.

EXPERIMENTA LA LIBERTAD QUE SOLAMENTE LLEGA CUANDO NO TIENES NADA QUE OCULTAR.

NOTAS FINALES

1.  *The Effects of Solitary Confinement on the Brain. Elana Blanco-Suarez, Ph.D. Publicado el 27 de febrero de 2019. © Psychology Today. Visitado el 5 de noviembre de 2019 en: https://www.psychologytoday.com/us/blog/ brain- chemistry/201902/the-effects-solitary-confinement-the-brain*

2.  Santiago 5:16.

CAPÍTULO 4

# HERIR AL CAMINANTE

*Alrededor de 40 millones de estadounidenses luchan con trastornos de ansiedad y aproximadamente el 2% de estas personas son propensas a sufrir ataques de pánico. Un ataque de pánico es un episodio repentino de intenso miedo que desencadena reacciones físicas severas en las que uno se siente completamente fuera de control e incluso parece que uno se está muriendo.*

—Mike Foster. *Fun Therapy Podcast*

La honestidad es la mejor política. Así es; decir la verdad es una mejor manera de vivir. Sin embargo, en ocasiones no se siente como si lo fuese. Antes de liberarte, te hará sentir desdichado. A lo largo de los últimos veinte años, he dudado en varias ocasiones de mi decisión de compartir públicamente mis batallas con la ansiedad y el pánico. Sabía que necesitaba decir la verdad acerca de mi lucha. Quería que mis amigos más cercanos y mi familia supiesen a qué me estaba enfrentando día a día, pero el miedo me impedía revelar la verdad. Sabía que compartir mi verdad traería el sentirme "menos que", de sentirme inadecuado, insuficiente, débil... Domingo tras domingo me levantaba y enseñaba cómo Cristo quiere encontrarse contigo exactamente donde te encuentras, que debes salir con fe y permitir que Él te encuentre en tus debilidades, que Cristo es la única forma en que puedes encontrar el poder para vencer... pero la verdad era que yo tenía miedo. No, más que solo miedo; también sentía vergüenza.

En ese entonces luchaba con la vergüenza. Había partes de mi corazón que tenían dudas acerca de la aceptación y albergaba temor por cómo me juzgarían los demás. Seguía teniendo momentos de ansiedad, incluso a pesar de que confiaba en Dios. A veces me ocurría (y me ocurre) incluso en momentos en que estoy lleno de fe. Y mis amigos cristianos bien intencionados solo lograban empeorar lo que sentía cuando insinuaban que, si orase un poco más, si tuviese más fe, si creyese en un Dios más grande, etc.

Recuerdo haber enseñado que Jesús quiere llegar justo en medio de "ese problema" que tienes en tu vida. Me decía a mí mismo una y otra vez que Él no espera que yo limpie todo para llegar, sino que quiere estar conmigo justo en medio del lodo, de todo mi desorden y mi dolor. Yo sabía que esto era verdad, pero el consejo de mis hermanas y hermanos cristianos me hacía más difícil recordarlo. De hecho, casi todas mis dudas y preguntas surgían de las respuestas y reacciones que recibo de los seguidores de Jesús con sus Diez pasos para superar la ansiedad, afirmaciones diarias para calmarte y cantidad de "soluciones bíblicas" rápidas y fáciles para resolver todos mis problemas. No puedo ni contar la cantidad de conversaciones, cartas o correos electrónicos que he recibido a lo largo de los años, enviados por hombres y mujeres que "solo quieren ayudar", pero su "ayuda" se reduce a ofrecer cantidades de "ritos" a seguir, oportunidades para obrar mejor. En la mayoría de los casos, Jesús me da la suficiente gracia para sonreír, asentir con la cabeza y luego presionar la tecla suprimir o practicar puntería con el cesto de papeles más cercano.

Sin embargo, el 9 de febrero de 2017 se me acabó la paciencia y mis emociones hicieron presa de mí. Estaba trabajando en casa, tratando de limpiar mi bandeja de entrada cuando abrí un correo electrónico y lo leí. El ya demasiado familiar mensaje de "ayuda" que contenía me llamó la atención. Cerré los ojos y respiré profundo y (como en muchas ocasiones anteriores) lo eliminé al instante. Sin embargo, abrí Facebook y comencé a teclear. Ese día necesitaba responder.

*Querido amigo bien intencionado, amante de Jesús y creyente de la Biblia,*

*De verdad, te digo esto con todo el amor que puedo reunir en este momento: no estás ayudando. Sé que quieres ayudar, pero no lo estás haciendo. De hecho, estás haciendo daño. Sé que no es tu intención, pero eso es lo que realmente estás haciendo. Detesto los conflictos y no me gusta confrontar, pero tengo que decir algo, así que aquí va:*

*La ansiedad y la preocupación son dos cosas diferentes. La preocupación ocurre cuando permito que las cosas pequeñas crezcan, cuando intento controlar los resultados que están fuera de mi control. Jesús nos invita (o nos manda, si esa es la forma en que tú ves las Escrituras, pero eso es un tema para otra carta) a que le expresemos nuestras preocupaciones, para que podamos reconocer que los resultados no son asunto nuestro sino de Él. Cuando abro Su libro y leo Su verdad acerca de quién es Él y quién soy yo, esto me ayuda a salirme del ciclo de la preocupación. Conectarme con Él (que ya vive dentro de mí) a través de la oración me ayuda a quitar el enfoque de mis problemas a Su grandeza. La adoración, declarar la verdad de quién es Él, libera un poder sobrenatural que eleva mi espíritu y mi alma en formas inefables. Jesús me ofrece todas estas cosas porque es mi Pastor y mi Fuente, y las cosas que me ofrece son buenas, útiles y me dan vida.*

*Ansiedad no es lo mismo que preocupación. La ansiedad surge de mi decisión de intentar controlar las cosas que están fuera de mi control. Ansiedad es despertarme a las 3 de la mañana con el corazón agitado, empapado en sudor, respirando como si acabara de finalizar una carrera de 400 metros. Ansiedad es la sensación debilitante y sin motivo aparente de que todo está fuera de mi control. Los ataques de ansiedad llegan inesperadamente. En ocasiones sobrevienen cuando estoy realmente cansado, agotado espiritualmente o en medio de una temporada de mucha actividad y estrés. Pero, a veces, los ataques de ansiedad aparecen SIN NINGUNA RAZÓN. Llegan cuando estoy descansado, y en momentos en que mi corazón y mi mente están llenos, y mi alma está conectada con Él. Honestamente, no tienen ningún sentido ni razón y créeme, he pasado horas tratando de resolverlo. La ansiedad desafía mi hombría y mi fe, y me hace dudar de mí mismo. Cuando los ataques vienen por períodos prolongados, incluso llego a cuestionar la única Fuente que tengo para superar la pesadilla de esas épocas de mi vida.*

*Entonces, quiero pedirte con todo lo que tengo en mí que, por favor, dejes de tomar y aplicar la invitación de Jesús de no preocuparnos a mi batalla con la ansiedad y el pánico. Cuando me sugieres "orar más" o "creer más" o "entrar en la Palabra", en realidad estás haciendo mi batalla más difícil. Estás plantando la semilla de la noción que, si de algún modo yo pudiese nada más "ser mejor" o "actuar mejor", entonces no sufriría estos desafíos. De muchos modos, me estás haciendo sentir "menos que". Creo que no le dirías a un amigo diabético que existe una fórmula para su curación, ¿verdad? Supongo que jamás (incluso sin querer) harías algo para que tu amigo crea que su enfermedad se debe a su falta de fe o espiritualidad ¡Sé que no harías tal cosa! Yo sé que esa no es la intención en tu corazón. Sé que me amas y quieres lo mejor para mí. Entonces, ora por mí. Pídele a Dios que haga lo que no he podido hacer. Sé paciente conmigo. Pensaba que lo querrías saber.*[1]

Presioné el botón compartir.

Lo admito, estaba emocionalmente cargado. Tenía algunas cosas que había querido decir durante mucho tiempo pero que, hasta ese momento, siempre había decidido callar. No te recomiendo publicar nada acerca de ningún tema si te sientes especialmente alterado y, en verdad, rara vez resulta ser una buena idea. Sin embargo, esa tarde decidí que era hora de marcar un círculo alrededor de todos aquellos que caminaban en su vulnerabilidad. Luego de publicar mi carta, cerré mi computadora y seguí con mi día.

Unas horas más tarde, un amigo me envió un mensaje de texto, preguntándome si había visto lo que estaba sucediendo en mi página de Facebook. Abrí mi computadora, inicié sesión en Facebook y vi en silencio la cantidad de personas que habían comenzado a compartir mi pequeño discurso con sus amigos. Durante los siguientes días, dediqué tiempo a leer los comentarios de personas de todo el país que básicamente decían lo mismo: "Gracias por escribir lo que he estado sintiendo".

*"...también sufro de ansiedad y ahora lo estoy pasando mal. Tengo problemas para expresar cómo se siente vivir esto, así que compartí esta publicación con mi esposo para ayudarlo a entender mejor. ¡Gracias por ser tan real y transparente...!"*

—Natalie B.

*"Acabas de expresar todo lo que siempre pensé, pero no sabía cómo decir. Como alguien que sufrió ataques de ansiedad durante mucho tiempo, aprecio mucho esto..."*

—Sara L.

Esto me rompió el corazón.

Las situaciones variaban, pero la historia era siempre la misma. Las personas heridas que deberían poder encontrar esperanza, gracia, aliento y vida en sus comunidades de fe, no estaban recibiendo NINGUNA de estas cosas. Sus palabras describían cosas tales como sentirse juzgados, condenados, humillados y avergonzados. Si cuando habían llegado a sus comunidades se sentían "menos que", ahora se sentían "menos que menos".

Tenemos que hacer un mejor trabajo en esta área. Tú y yo. Todos nosotros. Es necesario que nos volvamos extremadamente sensibles a la realidad que, en ocasiones, lo que creemos que ayuda en realidad es dañino. La visión de la iglesia sobre las enfermedades mentales y los problemas relacionados con la salud emocional necesita refinarse. No le diríamos a una persona con diabetes que ore más, que tenga más fe, que deje de aplicarse insulina y ordene a su cuerpo que la produzca. Nuestra compasión y preocupación por la salud física debe ser congruente con nuestra compasión y preocupación por la salud emocional. Creemos que Dios puede sanar completamente todas las dolencias, pero pareciese

> NUESTRA COMPASIÓN Y PREOCUPACIÓN POR LA SALUD FÍSICA DEBE SER CONGRUENTE CON NUESTRA COMPASIÓN Y PREOCUPACIÓN POR LA SALUD EMOCIONAL.

que a los temas que se relacionan con los problemas mentales los consideramos una categoría diferente.

He orado por personas que creen que Dios los ha sanado de su batalla. Tengo fe en que Él ha movido montañas en la vida de muchas personas que luchaban con el pánico y la ansiedad. He visto sanaciones físicas que me han dejado sin aliento. Sin embargo, si bien creo que Dios es totalmente capaz de sanarme, el pánico y la ansiedad aún son parte de mi vida cotidiana. Esta sigue siendo mi cojera, mi espina, mi batalla. Y creo que nosotros, como cristianos, podemos hacerlo mejor. Estamos llamados a hacerlo mejor.

Pablo nos dice:

> *"Por lo tanto, ya no hay* **ninguna condenación** *para los que están unidos a Cristo Jesús, pues por medio de él la ley del Espíritu de vida me ha liberado de la ley del pecado y de la muerte".*[2]

**Ninguna** condenación.

Ninguna **condenación**.

Vuelve a leerlo …

**Ninguna condenación.**

---

Entonces, ¿qué hacemos? ¿Cómo caminamos lado a lado junto a quienes luchan con el pánico y la ansiedad? A continuación, comparto algunas cosas que podemos hacer para evitar herir al caminante:

- **Calla. Nada más escucha.** Algunos de los mejores consejos jamás escritos sobre las relaciones están en el libro de Santiago: "Todos deben estar listos para escuchar, y ser lentos para hablar y para enojarse".[3] Si bien esto aplica para muchísimas situaciones, resulta especialmente apropiado en este caso. A menudo, la necesidad de decir algo nos motiva a emplear frases y términos que hieren los corazones de aquellas personas que queremos ayudar. No tener una respuesta no es un signo de debilidad ni de falta de fortaleza espiritual. A veces, las palabras como "lo siento" y "estoy aquí" tienen mayor significado que una fórmula religiosa o frase célebre. Libérate de la necesidad de tener todas las respuestas y ama a las personas en dónde se encuentran. Calla, y nada más escucha.

- **Amor.** Esto es suficiente. La religión tiene que ver con rendimiento; es rápida para indicarnos qué hacer. Pero Jesús se trata de amor: amor radical, incondicional y esperanzador. Si has rendido tu vida de la mejor manera posible al amor de Jesús, entonces Él vive en ti. Entonces, asegúrate que las respuestas que brindas a las personas que te rodean y que están atravesando momentos difíciles tengan mucho de Jesús, y evita la religión a toda costa. Aquellas personas que se sienten menos, necesitan vivenciar a Aquel que es más que todo. No importa dónde vivimos o a qué nos dedicamos, este es nuestro destino. Fuimos creados por Dios para ser un puente hacia Su amor, Su gracia y Su poder transformador. Dejemos de ser una barrera para que los demás encuentren lo que sus corazones anhelan.

- **Habla como Jesús.** Seamos conocidos como aquellas personas que creen lo mejor de los demás y que creen en los demás.

Todos caminamos con cojera. Todos nosotros, en algún nivel, libramos una batalla que nos hace cuestionar nuestra valía. Si estás respirando, has estado en ese tipo de batalla. Decirle a una persona quién es en realidad es mucho mejor que sentenciar lo que debería hacer. Tus palabras tienen poder: usa palabra viva y no palabra muerta. Este es el camino de Jesús.

Me he sentido juzgado. Me he sentido menospreciado. He vivido épocas en las que parecía que todo el mundo intentaba arreglarme. He estado de rodillas, citando las Escrituras, literalmente rodeado de tarjetas escritas con pasajes de la Biblia. Todos los días, estoy en proceso de superar mis dificultades, pero incluso cuando me entrego completamente a Jesús y a su poder transformador, aún no puedo decir que todo haya quedado atrás. Me siento especialmente conectado con aquellos que caminan cojeando y no tienen una bonita moraleja al final de su historia personal; con aquellos que están viviendo su "aún no".

No olvidemos que todos estamos aprendiendo. Todos estamos en proceso. Lo que necesitamos recordar, por sobre todas las cosas, es que no podríamos lograrlo por nosotros mismos. No estamos destinados a pelear solos nuestras batallas. Necesitamos rodearnos de personas que caminen con nosotros. Debemos ser un pueblo movido por el profundo anhelo de que todos recibamos lo mejor de Dios, y que nos acompañemos los unos a los otros, firmes en la brecha cuando estemos en la lucha. Tenemos que liberarnos de la creencia que necesitamos impresionar a los demás. En el pasado, me he preocupado demasiado por lo que otros pensaban acerca de mí, y esto afectó mi capacidad de conectarme con la verdad. Hoy en día, tengo continuamente el recuerdo de las palabras de Juan:

*"y conocerán **la verdad**, y la verdad **los hará libres"**.* [4]

## NOTAS FINALES

1. https://www.facebook.com/tobyslough/posts/1441386765880916/. Nota: Hice algunos cambios menores a este texto, para corregir su gramática (ya que tengo la oportunidad), pero este extracto es la carta real, cruda y sin filtro que Toby compartió con el mundo el 19 de febrero de 2017.
2. Romanos 8:1–2. (Énfasis del autor).
3. Santiago 1:19
4. Juan 8:32. (Énfasis del autor).

AQUELLAS PERSONAS QUE SE SIENTEN
MENOS, NECESITAN VIVENCIAR A
AQUEL QUE ES MÁS QUE TODO

CAPÍTULO 5

# ARRÉGLAME

*Tres veces le rogué al Señor que me la quitara.*[1]

—PABLO

¿Recuerdas los programas de dibujos animados que solían pasar los sábados por la mañana en la televisión? Cuando era niño no teníamos streaming por lo que no existía la posibilidad de darnos un atracón de nuestro programa favorito. Sé que al mencionarlo me arriesgo a delatar mi edad, pero la única ocasión en que podíamos ver un programa era cuando la estación de televisión lo transmitía. ¡Los sábados por la mañana era un evento semanal muy esperado! Me levantaba temprano para ver Looney Tunes®. Sus historias sencillas me entretenían, me hacían sonreír y reírme a carcajadas, y me daban algo que esperar para el fin de semana. Tenía muchos personajes favoritos, y seguramente tú también tenías uno o dos preferidos.

Del dúo de El Coyote y El Correcaminos, mi favorito era El Correcaminos. Sin embargo, debo admitir que mantenía una relación de amor/odio con ese personaje. El Coyote siempre perseguía al Correcaminos a través del desierto caluroso y polvoriento donde vivían. A pesar de que el Coyote jamás pudo atrapar al Correcaminos, siempre encontraba la forma de ordenar algún artículo de la Compañía Acme, el cual recibía justo cuando lo necesitaba. Recuerdo que me apresuraba a sentarme en mi lugar favorito del sofá que teníamos en la sala de estar, justo cuando la canción del programa comenzaba a sonar:

> Si estando en la carretera oyes un beep-beep,
> Ten la seguridad que se trata de mí,
> Y si intentas seguirme te va a anochecer,
> Pues ni el feroz Coyote me puede comer.
>
> Correcaminos, eres más veloz que un jet,
> Pobre Coyote, ya no sabe ni que hacer,
> Tonto Coyote, tú lo vas a enloquecer,
> Y en el desierto, lo vas a matar de sed.
>
> Miles de trampas te ha querido poner,
> Pero en todas ellas ha de fallar,
> Y ni a base de golpes quiere entender,
> Que si sigue con sus tontas trampas se va a matar.[2]

Si eres lo suficientemente mayor como para haber visto esta caricatura en la televisión, de nada por dejártela pegada. ¡Seguramente la tendrás en la cabeza el resto del día! ¿A quién no le gustaba el Correcaminos? Era un ave astuto, sagaz, rapidísimo, un poco sabelotodo, pero en general bastante querido. Era el archienemigo del Coyote, que siempre contaba con su ingenio y una impresionante variedad de productos Acme para hacer sus trampas: pegamento, grasa, gomas elásticas gigantes, yunques y, cómo olvidarlo, ¡la infaltable dinamita! El Coyote intentó decenas de trampas para atrapar al Correcaminos, pero jamás encontró la fórmula correcta para lograr su cometido.

Yo siempre creía que el Coyote ganaría. A menudo, tanta persecución me resultaba muy frustrante. Siempre esperaba que alguno de los dispositivos del Coyote funcionara, pero el Correcaminos siempre hallaba el modo de darle la vuelta a la trampa y usarla para su propio beneficio. Desde luego, me encantaba ver las dotes de escapista del Correcaminos, pero secretamente quería que lo atrapen, ¡aunque solo fuese una vez! Sin embargo, la persecución continuaba sábado tras sábado.

Al final de cada episodio, me preguntaba: ¿Alguna vez atrapará lo que persigue?

Yo era un niño pequeño sentado en mi sofá, y no podía imaginar lo que me esperaba más adelante en mi propio camino. Disfrutaba de la televisión, feliz y sin sospechar que algún día, como en las caricaturas del Coyote y el Correcaminos, me encontraría inmerso en la persecución de mi vida. Todavía faltaban décadas antes de que mi carrera comenzara y, al igual que al Coyote, a mí también me caería un yunque en la cabeza, en cada giro del camino.

———————

A comienzos de mis treinta años comencé a tener ataques de pánico. Al principio no sabía cómo llamarlos. La mayoría de las veces no tenía idea de lo que me estaba ocurriendo. Y, como no sabía lo que me estaba sucediendo, no tenía la menor idea de cómo evitarlos. Me ocurrían a diario y yo no tenía noción de qué hacer para detenerlos.

Luego de cada ataque me recuperaba, pero quedaba completamente exhausto, sin energía y frustrado. Poco a poco, los ataques de pánico estaban consumiendo toda mi energía física, mental y emocional.

Me decía una y otra vez que me iba a poner bien. Me decía: puedo superar esto. Tengo que aguantar. Lo que me estaba pasando no era fruto de mi imaginación; los ataques de pánico eran reales. Sus efectos comenzaron a acumularse, jalándome hacia abajo y quebrantando mi espíritu. Las constantes oleadas de ataques de ansiedad, insomnio, náuseas y vómitos, sumados a mi incapacidad de encontrar algún alivio, finalmente me quebraron. Nada más por leer estas palabras puedo sentirlo en mi pecho. Estando en ese punto tan bajo de mi vida, decidí que necesitaba ayuda profesional. Necesitaba encontrar un consejero que pudiera ayudarme. Siendo pastor, mi orgullo me impedía hablar con nadie dentro del ámbito de la iglesia. Me resulta difícil de admitir, pero hubo ciertas circunstancias y presiones específicas que me llevaron a silenciar mi autenticidad. Algunas de ellas eran creencias las cuales, que no estoy seguro de que hayan sido del todo verdaderas. Luchaba con pensamientos tales como:

*¿Qué hago si alguien de la iglesia me ve?*

*¿Qué pensarían de mí si alguien se enterara de esto?*

*¿Será que los Ancianos de la Iglesia me pedirán que renuncie si se enteran de lo mucho que estaba luchando?*

*¿Cómo podría ayudar a los demás si mi propia vida se desmorona?*

Mi esposa, Mika, y yo comenzamos nuestra búsqueda de un consejero cristiano en la guía telefónica (esto seguramente también denota mi edad). Encontramos uno que, afortunadamente, estaba en el extremo opuesto de la ciudad, lo que creía que era la solución perfecta para mí. Tener al consejero lejos de donde trabajaba y vivía me parecía una situación viable, ya que me haría más fácil guardar mi secreto, el secreto de que había tocado fondo. Me había acostumbrado al ritmo incómodo que me marcaba el miedo, la falta de autoestima, la fatiga extrema y la pérdida de apetito. Pensaba para mis adentros, por lo menos no puedo caer más bajo de donde estoy. Estaba seguro de que ya había tocado fondo.

Conduje por la ciudad hasta el edificio donde atendía mi consejero. Lleno de nervios, llegué a la puerta de su oficina. Me costó mucho tomar el picaporte y atravesar el abismo del umbral de su puerta. En el mejor de los casos, podría describir mi estado como inestable. En realidad, ese era un momento de completa desesperación para mí. Entré en la oficina, lo saludé con una sonrisa traviesa, me hundí profundamente en su silla acolchada y le dije: "Creo que me estoy volviendo loco. No me conoces, pero estoy al final de mis fuerzas. Haré lo que me pidas, pero tienes que arreglarme".

Con una sonrisa de saber a lo que me refería, respiró hondo y comenzó a hacer preguntas. Me di cuenta de que la estructura de sus preguntas tenía la finalidad de evaluar mi estado mental. Internamente, conocía todas las respuestas honestas a lo que me preguntaba, pero no habían pasado ni dos minutos que ya le había dicho mi primera mentira. Me preguntó si alguna vez había considerado hacerme daño a mí mismo, a lo que respondí con total deshonestidad y firmeza: "No". También le hice saber que no tenía interés en malgastar tiempo o dinero hablando de mi infancia o de si mi madre me ponía los pañales correctamente.

Le dije, "Solo quiero que hagas que todo esto desaparezca".

Durante las dos primeras semanas, asistí a su consulta tres veces por semana. Si alguna vez has asistido a terapia (y espero que lo hayas hecho) seguramente sabes que, fuera de un entorno clínico, tres veces por semana es mucho. Las conversaciones iniciales que tuvimos se centraron en las técnicas que debería usar cuando sintiese un ataque de pánico. Mi consejero quería ayudarme a establecerme en un lugar donde pudiese funcionar y manejarme. Me brindó acciones específicas para repetir, palabras, etc., que me ayudarían a ubicarme en un lugar donde fuese capaz de llegar a la raíz de las cosas. En este punto de la persecución, cualquier cosa era mejor para mí que lo que estaba viviendo. Vivía mi vida de una cita a la próxima, utilizando la técnica de colocarme una banda elástica en la muñeca o practicando técnicas de respiración cada vez que la ola negra de la ansiedad se abalanzaba sobre mí.

En cada ocasión en que mi consejero intentaba hacerme alguna pregunta que pudiese llevarme más allá de mi umbral de comodidad, me cerraba, total y completamente, igual que un embotellamiento de tránsito en la I-35. Podía sentir la sensación de cerrarme en cada célula de mi cuerpo. Ni siquiera su modo amable de llevarme a esos lugares oscuros me servía. No podía llegar a ese lugar. Era incapaz de llegar a la raíz de la raíz. Necesitaba desarrollar los músculos que me servirían para perseguir a mi correcaminos. Eso era lo único que podría ayudarme a abrirme paso en medio de la oscuridad que me rodeaba. Ya llevaba millas recorridas en la persecución, pero ahora yo era el Correcaminos, y el Coyote me pisaba los talones.

A la tercera semana de esta persecución, las cosas se pusieron muy reales para mí. Todo comenzó con una pregunta inocente de mi nuevo amigo, el consejero, que me planteó al inicio de lo que parecía ser una sesión común y corriente.

"¿Cuánto sería el máximo número de ataques de pánico que podrías tener en una semana, y aun así sentirte bien?" Mi respuesta, instantánea y enfática, fue "cero".

"Bien… ¿Cuántos en un mes?" Fue su siguiente pregunta. Mi respuesta fue la misma.

**"Ninguno. Cero".**

Esto continuó durante más de diez minutos hasta que respondí a su pregunta de "¿Cuántos en un año?" con el mismo nivel de intensidad y pasión (terquedad) que tenía al inicio de su interrogatorio.

"Ninguno. Cero".

Entonces, me preguntó, con una expresión incrédula en su rostro. "¿Me estás diciendo que no puedes ser feliz, estar en paz o sentirte satisfecho si tuviste apenas un único ataque de pánico en todo el año?"

Lo miré directamente a los ojos y le respondí de inmediato: "Dios es un sanador y yo sé que me sanará. Jamás estaré satisfecho con nada menos que lo mejor para mí. Yo sé que hay una respuesta y la encontraré".

Ninguno.

Cero.

A medida que continuamos trabajando juntos, semana tras semana, oraba por mi completa sanación. Creía completamente en que Dios me sanaría. Practiqué fielmente mis técnicas y todas las nuevas estrategias que fui aprendiendo. Durante los meses que seguí viendo a este consejero, me sorprendió su paciencia para conmigo. Logramos avances, pero a de pesar que habíamos recorrido

MI OBJETIVO ERA ELIMINAR TOTALMENTE LOS ATAQUES DE PÁNICO DE MI VIDA un largo camino juntos, sabía que todavía nos quedaban millas de trabajo por delante. Mi objetivo era eliminar totalmente los ataques de pánico de mi vida y estaba decidido a trabajar tenazmente para lograrlo. Tenía fe en este hombre y, durante todo el tiempo que trabajamos juntos, había llegado a confiarle los aspectos más dolorosos de mi vida. Anhelaba profundamente convertirme en el mejor esposo, padre, pastor y amigo posible. Estaba dispuesto a trabajar duro para volver a encarrilarme, para llevar mi vida de regreso a la normalidad y recuperar mi salud perdida.

Pero un día, mi consejero entró en uno de los servicios de nuestra iglesia. Obviamente era extraño para mí encontrarlo en mi entorno habitual. Me acerqué a él, lo saludé y le dije que era bueno verlo. Sin embargo, no dejaba de mirar sus propios zapatos, con las manos nerviosamente en los bolsillos. ¡Esa vez el que parecía inestable era él! En verdad, se parecía bastante a mí cuando me senté por primera vez en su sillón: se veía incómodo e inquieto. Podía ver que, en esa ocasión, era él quien estaba intentando reunir coraje para buscar las palabras adecuadas. Tímidamente, me dio una noticia devastadora. Había venido a despedirse. Su matrimonio se había acabado y se mudaría de regreso a la costa este.

Esa noche, llegué a casa y lloré.

¿Ahora, que voy a hacer?

Mi desesperación se convirtió en determinación. Siempre fui de esas personas que les gusta competir. No importa el deporte, juego o concurso, yo soy de esos que trabajan incansablemente para ganar. Estaba seguro de que sería capaz de esforzarme hasta vencer. El ultimátum que yo le había dado a Dios en mi corazón aquel día (lograr la ausencia total de ansiedad o pánico) me había llevado a enfrentarme a la persecución más grande de toda mi vida, y no estaba dispuesto a perder.

Ninguno.

Cero.

Estaba convencido de que había "una respuesta". Nada más tenía que encontrarla. La respuesta existía, y yo la iba a perseguir como diese lugar. Quizás la música de adoración sería la respuesta. Entonces, ponía música día y noche. Leía libros acerca de la oración, convenciéndome de que, si aprendía a "orar mejor", Dios me daría lo que quería. Leía y releía los Salmos. Comencé a asistir a cuantas reuniones carismáticas hubiese que anunciasen servicios de sanación. Iba a todo evento que tuviese la palabra fuego, sangre o victoria. En los servicios de sanación, cada vez que la banda tocaba la música para acercarse al altar, ahí estaba yo, dando un paso hacia adelante. Creo que han echado más aceite sobre mi cabeza que lo que le ponen a un automóvil en el taller de lubricantes. Todos caían al suelo ni bien los elocuentes y apasionados levantaban sus manos en alto, declarando sanidad y victoria. Todos menos yo, que siempre me quedaba de pie, preguntándome por qué recibían los demás y por qué yo no. A medida que pasaban las semanas, siempre quedaba en pie, pero no me iba a rendir.

Ninguno.

Cero.

Mi nuevo grito de batalla era: "Jesús no murió para que luches contra la ansiedad". Perseguía la sanación con todas mis fuerzas, y tan a menudo como me era posible. En ocasiones, me convencía a mí mismo de que la nube había sido levantada, y me declaraba finalmente sanado. Pero, la ola negra regresaba, una y otra vez.

Luché con canciones. Luché con oraciones. Luché con las Escrituras:

> "Tres veces le rogué al Señor que me la quitara; pero él me dijo: "Te basta con mi gracia, pues mi poder se perfecciona en la debilidad". Por lo tanto, gustosamente haré más bien alarde de mis debilidades, para que permanezca sobre mí el poder de Cristo. Por eso me regocijo en las debilidades, insultos, privaciones, persecuciones y dificultades que sufro por Cristo; porque, cuando soy débil, entonces soy fuerte".[3]

No sé si Pablo literalmente le pidió sanación a Dios tres veces o si le pidió trescientas veces. No sé si sus ruegos duraron semanas o meses, o incluso años. No puedo estar completamente seguro, ni los estudiosos de la Biblia se ponen completamente de acuerdo acerca de la sanación que Pablo buscaba. Lo que sí sé es que me sentía identificado con las súplicas de Pablo a Dios. Me negaba a renunciar a mi sanación, y rogaba como Pablo lo hizo.

Dieciocho meses después de mi primer ataque de ansiedad, me encontré en la oficina de quien fue mi segundo consejero. Esta experiencia fue completamente diferente a la primera. En este punto, me costaba encontrar las palabras adecuadas para describir cómo me sentía. Estaba agotado en el sentido más completo de la palabra. Estaba harto de que la gente me diese versículos acerca de la preocupación. Todo lo que me compartían se hacía hasta desagradable, porque sentía que lo que me decían era que dejase de pecar.

Poco a poco, estaba perdiendo mi persecución. Perdía el control sobre mi pensamiento racional. Las partes más peligrosas de mi insalubridad ganaban terreno en mi vida, afianzándose en los rincones oscuros de mi corazón que recibían muy poca o nada de luz. Tenía un deseo desesperado y poco saludable de que Mika "me entendiera". Quería que ella entendiese mi dolor, que comprendiese mi lucha y mi persecución, aunque no podía encontrar las palabras para describirlas adecuadamente.

Mi segundo consejero me ayudó a poner en palabras lo que estaba viviendo. Esto me fue de mucha utilidad cuando intentaba explicarle a mi pequeño círculo de amigos de confianza lo que me estaba pasando. La definición que mi nuevo consejero me dio durante nuestra primera sesión se ha quedado grabada después de tantos años. "Si tu casa se incendió y seis meses después, mientras esperas en un semáforo, un camión de bomberos aparece detrás de ti, tu corazón comenzará a latir rápidamente. Eso es apenas normal. Sin embargo, si jamás viviste un incendio y tu corazón se agita porque estás convencido de que el camión de bomberos va para tu casa (y no puedes quitarte esa sensación, hagas lo que hagas) tienes un problema de ansiedad".

A donde quiera que fuese, sin importar lo que hacía, mi vida era una constante persecución, inundada de miedos irracionales, como sirenas de camiones de bomberos en cada semáforo. Con lágrimas en mi rostro, le supliqué: "¿Puedes ayudarme?".

Las semanas que siguieron a ese momento fueron mucho más complicadas y frustrantes de lo que me podría haber imaginado. La vida resulta mucho más clara cuando la vemos en el espejo retrovisor. Ahora puedo ver cómo Dios estaba trabajando intencionalmente en despejar capas de mi corazón. Dios sabía exactamente lo que mi corazón podría o no podría resistir, pero yo era incapaz de verlo en ese momento. Mi nuevo consejero se negó a hablar de técnicas o estrategias para enfrentarme a los ataques de ansiedad, recordándome amablemente que esos recursos se enfocaban en los síntomas, mientras que él intentaba llegar al corazón del problema. Constantemente me preguntaba acerca de mi niñez, y cuando yo intentaba cambiar de tema, se quedaba mirándome sin decir nada más.

En una ocasión, pasamos más de cincuenta minutos de los noventa minutos de nuestra sesión mirándonos el uno al otro. Con el tiempo me di cuenta de que mi dificultad en reconocer las deficiencias en mi relación con mi padre se fundamentaba en mi deseo de ser un hijo respetuoso. Finalmente, llegué a comprender que el no aceptar nada menos que la perfección no era útil ni saludable, ni para él ni para mí.

El Señor utilizó a este hombre para ayudarme a comprender que todo lo que no recibí de mi padre fue porque él no lo había recibido de su propio padre, y que yo podía llegar a reconocerlo, perdonarlo y vivir con honor y amor. Mi nuevo consejero jamás "me declaró curado", pero siempre recordaré nuestra reunión. Cuando nos arrodillamos para orar, el sonido claro de una sirena inundó la sala. Nos reímos, lloré y me fui a casa creyendo por primera vez en lo profundo de mi corazón que Dios estaba conmigo. Dios no me había dejado y todavía escuchaba mis gritos de auxilio. Alguien había abierto una ventana y, finalmente, pude comenzar a ver una pequeña luz al final del túnel. La persecución no había terminado, pero, por primera vez, ya no me sentía tan solo.

---

Perseguir algo no siempre es malo. Lo que resulta agotador es perseguir algo equivocado. En mi versión de la Biblia, se llama "buscar". Al mirar hacia atrás, veo que mi problema no era perseguir algo, sino lo que estaba persiguiendo. David habla de buscar el rostro de Dios (Su presencia). Yo estaba buscando (persiguiendo) Su mano;

Su bendición. Pedirle a Dios que te bendiga es algo bueno. Pero creer que necesitas perseguir a Dios porque no has recibido lo que le pides, se convierte en una experiencia que te quita la vida, porque la verdad es que Dios siempre está ahí.

*El Señor es mi luz y mi salvación; ¿a quién temeré?*

*El Señor es el baluarte de mi vida; ¿quién podrá amedrentarme?*

*Cuando los malvados avanzan contra mí para devorar mis carnes,*
*cuando mis enemigos y adversarios me atacan,*
*son ellos los que tropiezan y caen.*

*Aun cuando un ejército me asedie, no temerá mi corazón;*
*aun cuando una guerra estalle contra mí,*
*yo mantendré la confianza.*

*Una sola cosa le pido al Señor, y es lo único que persigo:*
*habitar en la casa del Señor*
*todos los días de mi vida,*
*para contemplar la hermosura del Señor*
*y recrearme en su templo.*

*Porque en el día de la aflicción*
*él me resguardará en su morada;*
*al amparo de su tabernáculo me protegerá,*
*y me pondrá en alto, sobre una roca.*

*Me hará prevalecer*
*frente a los enemigos que me rodean;*
*en su templo ofreceré sacrificios de alabanza*
*y cantaré salmos al Señor.*

*Oye, Señor, mi voz cuando a ti clamo;*
*compadécete de mí y respóndeme.*

*El corazón me dice: "¡Busca su rostro!"*
*Y yo, Señor, tu rostro busco.*

*No te escondas de mí;*
*no rechaces, en tu enojo, a este siervo tuyo,*
*porque tú has sido mi ayuda.*
*No me desampares ni me abandones,*
*Dios de mi salvación.*

*Aunque mi padre y mi madre me abandonen,*
*el Señor me recibirá en sus brazos.*

*Guíame, Señor, por tu camino;*
*dirígeme por la senda de rectitud,*
*por causa de los que me acechan.*

*No me entregues al capricho de mis adversarios,*
*pues contra mí se levantan falsos testigos*
*que respiran violencia.*

*Pero de una cosa estoy seguro:*
*he de ver la bondad del Señor*
*en esta tierra de los vivientes.*

*Pon tu esperanza en el Señor;*
*ten valor, cobra ánimo; ¡pon tu esperanza en el Señor!*[4]

Mi relación con Dios estaba basada en lo que él podía hacer por mí, pero no en quien Él es. El dolor suele hacer que nos sintamos de este modo. Nos hace decir ultimátums y poner nombre a sus bendiciones, y de este modo nos condena a la desilusión. Jamás olvidaré la noche en que sentí que el Señor me decía: "¿Soy suficiente para ti?". En ese instante me di cuenta de que mi respuesta más honesta era: "No. Necesito que me quites esto, y entonces sí será suficiente". Yo tenía mi esperanza puesta en algo, y no en alguien.

Mi relación con Dios se había vuelto disfuncional. Estaba comenzando a darme cuenta de que mi problema no era EL problema. Cuando fui capaz de ver esto por primera vez, fue cuando pude dar el primer paso en mi largo camino a la vida que había estado buscando. Todavía tenía mucho camino por recorrer (y aún hoy me queda por recorrer) pero esa tarde que escuché el sonido de la sirena, mi vida comenzó a cambiar.

Al sentir ese alivio, pensé que ese momento marcaba el final de una temporada de dolor en mi vida. Lo que no sabía era que mi viaje a la libertad apenas acababa de comenzar.

## NOTAS FINALES

1. 2 Corintios 12:8.
2. Tema musical de El Correcaminos. Versión en español, visitada el 5 de enero de 2020 de https://www.musixmatch.com/es/letras/Chicos-de-Barrio/El-Correcaminos. Original en inglés visitado el 7 de noviembre de 2019 en http://www.lyricsondemand.com.
3. 2 Corintios 12:8–10.
4. Salmo 27.

CAPÍTULO 6

# LOS RITMOS NO FORZADOS DE LA GRACIA

*¿Estás cansado? ¿Agotado? ¿Harto de la religión? Ven a mí. Ven conmigo y recobrarás tu vida. Yo te mostraré como descansar de verdad. Camina y trabaja conmigo.* **Aprende los ritmos no forzados de la gracia.** *No pondré nada pesado o mal ajustado sobre ti. Hazme compañía y aprenderás a vivir libre y ligeramente.*

—MATEO 11:28–30, MSG.

Las categorías nos brindan comodidad. Nos agrada poder definir claramente a las personas, problemas, comportamientos y resultados. Si podemos clasificar mentalmente algo en una caja específica, entonces (creemos) podremos hallarle un sentido a todo y finalmente encontrar una solución. El problema de esta lógica es que no todas las cosas encajan en columnas ordenadas. Tienes una mente, un cuerpo y un espíritu. El estrés, dolor o presión en una parte de ti casi siempre afectará a otro aspecto de tu ser. La libertad alcanzada en un área no necesariamente resultará en esa misma libertad en todas las áreas. Existe la realidad tanto de lo natural como de lo sobrenatural, y ambas están intrínsecamente conectadas.

Mucha gente me pregunta si creo que mi batalla contra la ansiedad es física, emocional o espiritual. Mi respuesta a esa pregunta es: "Sí". He llegado a volverme profundamente consciente de la gran conexión que existe entre mi mente, mi alma y mi cuerpo, y de lo inútil que es intentar encasillar cualquiera de los desafíos de mi vida en una única categoría. Mi espíritu se ve afectado por aquello que ocupa mi mente. Por esto, cuando mis amigos me invitan a ver alguna película de gran intensidad (o, Dios no lo quiera, de horror), siempre digo que no. Mi respuesta estándar es: "Gracias, estoy seguro de que será genial para ti, pero mi corazón ya late muy rápido todos los días, no necesito pagar diez dólares para sentir miedo". Mi condición física afecta y resulta afectada por el nivel de mi salud emocional Si alguna vez has comido por estrés, ¡seguramente sabes de lo que estoy hablando!

En Efesios 6, Pablo me recuerda la realidad de la guerra espiritual. No pretendo entenderlo todo, pero sí sé que hay un aspecto de la batalla que solo se puede ganar en el reino del Espíritu. La fuerza de voluntad y las técnicas de autoayuda no son suficientes. Necesito personas que oren por mí y estar conectado a una habilidad más allá de mí mismo para poder vivir libre. Mi alma tiene un enemigo y mi cuerpo tiene niveles de serotonina. Estas dos realidades están conectadas porque mi espíritu, mi alma y mi cuerpo no pueden agruparse en una sola categoría.

Mi objetivo es estar sano y completo, espiritual, física y emocionalmente. Aunque he leído mucho sobre la importancia del equilibrio, he descubierto que, para mí, el ritmo es un mejor concepto. La vida no se presta al equilibrio. La vida tiene temporadas y ciclos que requerirán más energía y atención a diferentes cosas, en diferentes momentos. Para mí, el equilibrio no es sostenible. Pero lo que sí necesito es tener ritmos regulares y consistentes que nutran mi corazón, que ministren a mi mente y que alimenten mi alma.

## MÚSICA DE ADORACIÓN

Por algún motivo, hay ciertas canciones que se nos quedan por años en la mente. Mis nietos (que ahora tienen dos años de edad) no podían decirte lo que estaban haciendo hace diez minutos, pero pueden cantar todas las palabras del tema principal de "PJ Masks". Nuestra conexión con la música va más allá de lo sensorial y ciertamente es más que un simple recuerdo: la música mueve al alma. Puedes escuchar hoy una canción después de una década sin escucharla y te transportará de inmediato a otro momento y lugar de tu vida.

Quiero usar ese poder de la música para recordar verdades de Dios que me traen vida y esperanza. Para una vida de libertad, es fundamental conocer el verdadero carácter y naturaleza de Dios. Hasta que le conozca, jamás comprenderé completamente quién me hizo ser. La radio de mi auto no siempre está sintonizada con "música cristiana" (¡A veces un hombre necesita un poco de Chris Stapleton o Beyoncé en su vida!), pero sí me aseguro de pasar una parte de mis cuarenta y cinco minutos de viaje escuchando una lista de reproducción con canciones tales como:

- Buen Padre
- Hermoso Nombre

- Grande Eres Dios

- Cuán Grande Es Él

- Hermoso Nombre

- Aquí Estás

- Así Peleo Mis Batallas

- Vino Nuevo

A menudo escucho a la gente hablar sobre "invitar la presencia de Dios" y, a cierto nivel, entiendo de qué hablan. He participado en servicios religiosos donde no cabe duda de que Su presencia está llenando la sala. Sin embargo, pasé muchos años de mi vida tratando de invitar la presencia de Dios a mi automóvil, a mi casa y mi oficina. Sin embargo, esos momentos en mi auto no se tratan de invitar la presencia de Dios, sino de que el Espíritu de Dios que vive en mí se libere en mi cabeza y en mi corazón, y de reemplazar las mentiras que no puedo superar. Se trata de que yo reconozca Su presencia y llegue a un acuerdo con Él.

# CONFESIÓN

Si creciste en la iglesia, para ti probablemente la palabra confesión tenga asociadas ciertas vibraciones negativas. Escuchas la palabra y piensas en caminar al frente de todos en la iglesia para anunciar algún error que has cometido. La confesión equivale a compartir información negativa con alguien más. Sin embargo, en la Biblia la palabra confesión significa literalmente "estar de acuerdo con Dios". En ocasiones, llegar a estar en acuerdo con Dios implica reconocer errores, pero muchas veces el acuerdo se trata de romper imágenes o patrones mentales (la palabra de iglesia para esto suele ser "baluartes") que te hacen sentirte menos y te impiden vivir la libertad para la que fuiste creado. La salud para mí es, esencialmente, la práctica habitual de estar de acuerdo con Dios acerca de quién es Él y quién soy yo.

## LOS 40 "YO SOY"

Hace varios años, me encontré sentado en el asiento 1A del autobús de la ansiedad. Desesperado por encontrar alivio, llamé a un amigo pastor mayor y le pedí ayuda. Me dijo que buscara en Google "Los 40 'Yo Soy'", que imprimiese una copia, que me metiese en mi ropero y comenzase a pronunciar estas palabras en voz alta. Rápidamente los encontré en Internet, tomé algunas tarjetas de papel y comencé a escribir a mano la declaración del versículo correspondiente a cada uno. Una hora más tarde terminé, salí al patio trasero, me senté en nuestra mesa de picnic y comencé a leer las tarjetas en voz alta. Al principio, hablar en voz alta conmigo mismo en mi patio me hacía sentir un poco incómodo, pero ese primer día se convirtió en dos y luego en tres y, antes de darme cuenta, ya llevaba tres semanas haciéndolo, sin saltarme ni un solo un día.

Confesar los cuarenta "Yo Soy" diariamente hará que te veas como Dios te ve. Cuando comienzas a verte desde la perspectiva de Dios las opiniones de los demás dejan de ofenderte. Tú eres quien Dios dice que eres.

1. Un hijo de Dios. *Romanos 8:16*

2. Redimido de la mano del enemigo. *Salmos 107:2*

3. Perdonado. *Colosenses 1:13–14*

4. Salvado por gracia mediante la fe. *Efesios 2:8*

5. Justificado. *Romanos 5:1*

6. Santificado. *1 Corintios 1:2*

7. Una nueva creación. *2 Corintios 5:17*

8. Parte en la naturaleza divina. *2 Pedro 1:4*

9. Rescatado de la maldición de la ley. *Gálatas 3:13*

10. Liberado del dominio de la oscuridad. *Colosenses 1:13*

11. Guiado por el Espíritu de Dios. *Romanos 8:14*

12. Un hijo de Dios. *Romanos 8:14*

13. Mantenido a salvo donde quiera que vaya. *Salmos 91:11*

14. Jesús proveerá para todas mis necesidades. *Filipenses 4:19*

15. Deposito toda ansiedad en Jesús. *1 Pedro 5:7*

16. Fuerte en el Señor y en Su gran poder. *Efesios 6:10*

17. Capaz de todas las cosas a través de Cristo que me fortalece. *Filipenses 4:13*

18. Un heredero de Dios y coheredero con Cristo. *Romanos 8:17*

19. Un heredero de la bendición de Abraham. *Gálatas 3: 13–14*

20. Quien observa y cumple los mandamientos del Señor. *Deuteronomio 28:12*

21. Bendito en el hogar y en el camino. *Deuteronomio 28:6*

22. Un heredero de la vida eterna. *1 Juan 5: 11–12*

23. Bendecido con todas las bendiciones espirituales. *Efesios 1:3*

24. Sanado por Sus heridas. *1 Pedro 2:24*

25. Con autoridad sobre el enemigo. *Lucas 10:19*

26. Quien está a la cabeza, y no en la cola. Siempre en la cima, nunca en el fondo. *Deuteronomio 28:13*

27. Más que un vencedor. *Romanos 8:37*

28. Quien establece la Palabra de Dios aquí en la tierra. *Mateo 16:19*

29. Un vencedor por la sangre del Cordero y la palabra de mi testimonio. *Apocalipsis 12:11*

30. Quien diariamente vence al diablo. *1 Juan 4:4*

31. Quien no se fija en lo visible, sino en lo invisible. *2 Corintios 4:18*

32. Quien vive por fe, y no por vista. *2 Corintios 5:7*

33. Quien derriba vanas imaginaciones. *2 Corintios 10: 4–5*

34. Quien lleva cada pensamiento al cautiverio. *2 Corintios 10:5*

35. Quien ha sido transformado mediante la renovación de mi mente. *Romanos 12:1–2*

36. Un colaborador al servicio de Dios. *1 Corintios 3:9*

37. Quien recibió la justicia de Dios en Cristo. *2 Corintios 5:21*

38. Un imitador de Jesús. *Efesios 5:1*

39. La luz del mundo. *Mateo 5:14*

40. Quien bendice al Señor en todo momento, alabándolo continuamente con mi boca. *Salmos 34:1*

A pesar de que no crecí en una tradición religiosa de liturgia, esta práctica me enseñó sobre la belleza y el potencial de tener este ritmo en mi vida. La naturaleza de nuestra fe es verbal. Por eso es que Jesús habló y dijo: "Quédense quietos" al viento y a las olas en una noche de tormenta en el mar de Galilea. Pudo haber levantado las manos solamente, o parpadeado, pero lo dijo para mostrarnos el poder de nuestras palabras. Su Padre creó el mundo con la palabra; Jesús calmó las aguas con Sus palabras. Nuestras palabras tienen el poder de cambiar nuestra propia atmósfera.

## EL HERMOSO RITMO DE TODO HA DEMOSTRADO SER REALMENTE BUENO PARA MI ALMA

Es bueno pensar en las verdades de quién Dios dice que soy, pero decirlas en voz alta es aún mejor. Todavía llevo esas tarjetas conmigo a todas partes. Están en muy mal estado. Algunas están manchadas de lágrimas; otras están cubiertas de tierra y de vaya a saber qué otras cosas. Durante algunos de mis momentos más oscuros, saqué mis tarjetas y dije en voz alta aquellas palabras que más me cuestan creer, y en ese momento Dios se encuentra conmigo. En ocasiones, he arrojado esas tarjetas al suelo, lleno de ira, gritando esos "Yo Soy" como un loco, preguntándome dónde es que está Dios, e incluso si verdaderamente existe. He intentado comprender por qué Dios no lleva esas palabras de mi cabeza a mi corazón. Incluso cuando estoy mejor, trato de no dejar pasar una semana sin sacar mis tarjetas y declarar la verdad de quién Él dice que soy. El hermoso ritmo de todo ha demostrado ser realmente bueno para mi alma.

## EJERCICIO

Al estar tan conectado entre mi mente, cuerpo y espíritu, he descubierto que practicar alguna forma de ejercicio resulta fundamental para mi salud emocional y espiritual. Comenzamos a existir en el Jardín del Edén, que fue creado para que vivamos afuera y seamos activos. Entonces, cuando nuestros días consisten en aire acondicionado y pantallas de computadora, esto afecta nuestro corazón y nuestra alma. En estos aspectos, solemos pensar que no podemos hacer todo, y por esto terminamos no haciendo absolutamente nada. Quizás no siempre puedo ir al gimnasio por una hora, pero siempre puedo caminar 15 minutos. Hacer ejercicio reduce el estrés, combate la fatiga, mejora el estado de alerta y aumenta la concentración. Yo sé bien que cuando hago tiempo para saltar en una máquina elíptica en un día de mal tiempo o cuando doy una caminata a paso rápido en un día agradable, me siento mejor. Mejor es bueno.

# DESCANSO

Si el pánico y la preocupación se han convertido en una rutina para ti, seguramente te resulte desconocido el concepto de verdadero descanso. La Biblia dice: "La angustia abate el corazón del hombre".[1] Un corazón pesado no descansa porque lleva una carga. Entonces, ¿cómo podrías cambiar a un estilo de vida de descanso, si tienes el hábito de llevar una carga pesada?

Jesús tuvo tal compasión por el corazón pesado que Él quiere tomar tu carga y cambiarla por descanso. "Vengan a mí todos ustedes que están cansados y agobiados, y yo les daré descanso. Carguen con mi yugo y aprendan de mí, pues yo soy apacible y humilde de corazón, y encontrarán descanso para su alma".[2] Solo Aquel que era completamente Dios y completamente hombre podría hacernos tal oferta. Por haber caminado sobre la tierra, Jesús conocía las pesadas luchas que enfrentamos. Sin embargo, siendo el Creador de todas las cosas, Él tenía el poder de tomar esas cargas y hacerlas ligeras para nosotros. ¡Qué Dios tan maravilloso y amoroso!

A lo largo de su vida, el rey David llevó muchas cargas. Tuvo que huir de un poderoso rey que quería matarlo, dirigir una nación entera, luchar contra naciones mucho más grandes que las suyas y cayó en un tremendo pecado. Estaba rodeado de circunstancias complicadas. Sin embargo, escucha su testimonio: "Cuando en mí la angustia iba en aumento, tu consuelo llenaba mi alma de alegría".[3] Esto nos muestra que David no solamente dejó de intentar controlar esas situaciones, sino que permitió que Dios lo consolara.

El verdadero descanso es uno de los regalos más preciados de Dios porque es uno que solo Él nos puede dar. Solamente Él tiene el poder de satisfacernos y sostenernos. Solo Él me conoce lo suficiente como para ministrar a mi alma en un modo tan directo. Él me da cosas que ningún ser humano jamás ha tenido ni tendrá medios para darme. Cuando voy a Él en busca de ayuda y consuelo, Él jamás me decepciona. "Depositen en él toda ansiedad, porque él cuida de ustedes".[4]

Cuando te liberas de la ilusión de que puedes y debes tener el control de tu vida, te liberas del engaño que te mantiene siempre atado a la ansiedad. El sueño de Dios para ti es que aprendas a confiar en Su supremo control, ¡pero su sueño para ti no se detiene allí! Jesús no solo vino para llevar tus cargas sino también para aliviar tu cansancio.

¿Recuerdas al hijo pródigo? Una vez que se dio cuenta de que había fallado cuando hizo las cosas por su propia cuenta, decidió que lo más inteligente era volver con su padre. Luego de vivir entre los cerdos, la vida solo podía mejorar, incluso si nada más pudiese trabajar como un siervo en la casa de su padre, aun así las cosas resultarían mejores. Ahora bien, el hijo pródigo tenía razón en renunciar a su forma de vida sin sentido para regresar a su padre, pero evidentemente no comprendía el corazón de su padre. ¿Qué ocurrió cuando regresó y se ofreció como sirviente de su padre? ¿Acaso su padre lo puso a trabajar, cambiando una carga por otra? No. Su padre le organizó una fiesta y lo restauró como su hijo. Encontró descanso.

¡Tu padre quiere hacer lo mismo por ti! Cuando decidas ceder el control a Él, no deberías pensar que vivirás el resto de tu vida como un hijo de segunda categoría en Su familia. Él quiere brindarte la plenitud que existe en Él y restaurarte por completo, incluso hasta el punto en que encuentres nuevamente tu descanso.

# SÁBADO

En los albores de la historia registrada del pueblo de Dios, Dios les dio "los diez grandes" (los Diez Mandamientos). Ahora bien, todos conocemos los de no asesinar, no robar y no codiciar. De hecho, la mayoría de esas leyes morales son la base de nuestras leyes. Sin embargo, en muchas ocasiones pasamos por alto uno de los mandamientos.

"Acuérdate del sábado, para consagrarlo. Trabaja seis días, y haz en ellos todo lo que tengas que hacer, pero el día séptimo será un día de reposo para honrar al Señor tu Dios".[5]

Escucha lo que Dios nos dice cuando estaba a punto de construir su nación con estas personas: "No hagas en ese día ningún trabajo, ni tampoco tu hijo, ni tu hija, ni tu esclavo, ni tu esclava, ni tus animales, ni tampoco los extranjeros que vivan en tus ciudades. Acuérdate de que en seis días hizo el Señor los cielos y la tierra, el mar y todo lo que hay en ellos, y que descansó el séptimo día. Por eso el Señor bendijo y consagró el día de reposo".[6]

Sencillamente, Dios les ordenó dejar margen en su vida. Nos dice: "Sé que tienes la capacidad de trabajar los siete días de la semana, ¡pero no es bueno para ti! Sé cuál es tu capacidad, pero también sé a cuántas RPM debe correr su vida; ¡por esto que quiero ordenarte que dejes un margen!

Si lo lees, encontrarás este principio en todo el Antiguo Testamento. Dios dijo múltiples veces: "Quiero que te tomes un año, y que dejes el campo reposar". No quiero que plantes nada. ¿Por qué? Porque Dios pide que dejes margen. Dios entiende algo que a nosotros nos cuesta comprender: estar ocupado es el enemigo de la intimidad. Sin duda alguna, el hombre más poderoso que jamás haya caminado sobre la faz de la tierra fue Jesús. Cuando estudies su vida en detalle y leas acerca del ritmo de su vida, podrás comenzar a ver que Jesús es un hombre que comprendía el principio del margen.

Quizás resulta difícil justificar tomarnos el sábado en nuestra cultura, pero debemos recordar que, como creyentes, estamos llamados a no ser de este mundo. El ritmo del descanso regular es bueno para nuestras almas. La disciplina del sábado nos ayuda a mantener un margen en nuestras vidas.

No dejar margen conduce a *la fatiga.* El margen nos da **energía**.

No dejar margen es *tinta roja.* El margen es **tinta negra**.

No dejar margen *es ansiedad.* El margen es **seguridad**.

No dejar margen *es cultura.* El margen es **contracultura**.

No dejar margen es *la enfermedad* de nuestro tiempo. El margen es **su cura**.

"De su plenitud todos hemos recibido gracia sobre gracia".[7] Dios nos da gracia sobre gracia, del mismo modo en que vienen a nosotros las olas del mar, en un ritmo interminable de renovación. Dios tiene un suministro ilimitado de gracia. Dios nos alienta a aprender los ritmos no forzados de la gracia y, al hacerlo, nos otorga la oportunidad de vivir libre y ligeramente.

En mis más de 25 años de batalla con las enfermedades mentales, he descubierto que esto es cierto: mi capacidad de superar está directamente relacionada con ser consistente en estas áreas de mi vida. Déjame repetírtelo una vez más: La consistencia crea capacidad.

La confesión regular, estar de acuerdo de quién es Dios y quién Él dice que yo soy, se ha vuelto un ritmo esencial en mi vida. La adoración personal me da la capacidad de superar las mentiras que me detienen. Cuando subo mi ritmo cardíaco habitualmente, esto no solo fortalece mi corazón físicamente sino también emocionalmente. Si Dios usa todas las cosas para bien (y he apostado mi vida a eso), entonces una de las cosas buenas que han surgido de las temporadas difíciles ha sido la comprensión y la práctica de esta verdad.

"Me infunde nuevas fuerzas".[8]

Jesús no vino únicamente para salvarte para un mundo que está por venir. Él vino a RESTAURARTE en el mundo en el que ahora vives. Jesús vino a traer restauración a tu corazón. Él vino a traer luz a los lugares oscuros de tu alma. Él vino a sanar aquellos aspectos en los que estás herido o herida por vivir en un mundo caído. Jesús quiere llevarnos por los lugares rotos de nuestras vidas y restaurar nuestras almas y corazones. Uno de los aspectos críticos de este viaje que hacemos juntos es la oportunidad. Tenemos la oportunidad de transitar esta sanación junto con el Señor. Esto no va a llegar en un instante; no vamos a poner este proceso de restauración y sanación en el horno microondas. Por el contrario, la nuestra será una larga caminata en una

> JESÚS NO VINO ÚNICAMENTE PARA SALVARTE PARA UN MUNDO QUE ESTÁ POR VENIR. ÉL VINO A RESTAURARTE EN EL MUNDO EN EL QUE AHORA VIVES

única dirección. Me encantan las palabras de Max Lucado, cuando dijo: "Si hay mil pasos entre tú y Dios... Si hay mil pasos entre tú y tu sanación... Dios dará novecientos noventa y nueve, mis amigos, pero ustedes tienen que dar uno. ¡Tienes que dar uno!"

En su libro, El Despertar de los Muertos, John Eldredge escribió las siguientes palabras:

> *"Todos llevan una herida. Jamás he conocido a alguien sin una. No importa cuán buena te haya parecido tu vida, vives en un mundo roto que está lleno de gente rota. Tu madre y tu padre, por maravillosos que sean, no podrían haber sido perfectos. Ella es hija de Eva y él es hijo de Adán. Entonces, no hay quien haya cruzado esta tierra sin sufrir una herida. Y toda herida, agresiva o pasiva, nos entrega un mensaje. Por la fuerza con la que se nos lo entrega, el mensaje se siente final y verdadero. Nuestra reacción da forma a nuestra personalidad de maneras muy significativas, porque de esa herida, de ese mensaje, fluye el falso yo".[9]*

"Cada uno de nosotros lleva las heridas de los mensajes mal interpretados en la formación de nuestro carácter". Algunos de nosotros, ya sea que tengamos 25 o 65 años, aún continuamos luchando contra los demonios de esos mensajes que elegimos creer desde edades muy tempranas. Todos enfrentamos estas heridas; este es el desafío que todos tenemos por delante. Todos estamos luchando contra los mensajes equivocados que recibimos en el tiempo formativo de nuestras vidas. Esos mensajes no solo nos dan un falso sentido de nosotros mismos, sino que además nos brindan un falso sentido de quién es Dios. Jesús "restaura a los de corazón quebrantado y cubre con vendas sus heridas",[10] porque Dios entendió que TODOS lidiaremos con estas heridas en nuestras vidas. La práctica constante de los ritmos no forzados de la gracia cura nuestros corazones rotos y sana nuestras heridas.

Dios quiere que encuentres tu identidad en Él. Dios quiere que te veas como Él te ve. Pasa tiempo con Él; pasa tiempo en Su palabra. Dedica tiempo a buscar descanso y paz en Sus ritmos de gracia. Me gustaría compartir esta oración contigo:

> *Señor, te pido que nos bendigas en nuestro deseo de establecer ritmos regulares de gracia. Bendícenos en nuestra lucha contra cualquier espina y cojera que tengamos. Derrama tu toque sanador en nuestras vidas. Oro por la libertad que anhela nuestro corazón. Padre, hablo en contra de la voz de inutilidad, culpa e indignidad que Satanás quiere verter en nuestros corazones hoy. Libéranos de la necesidad de estar ocupados. Libéranos de los ídolos de calendarios llenos y largas listas de tareas pendientes.*
>
> *Señor, danos el poder de dejar de intentar tener el control. Enséñanos a dejar de lado aquellas cosas sobre las que no tenemos control, para que ya no nos controlen a nosotros.*
>
> *Padre, te ruego que crees un tremendo testimonio de mi vida, de nuestras vidas. En la debilidad, danos la gracia. Permítenos ver el verdadero poder de Jesús. Danos más confianza y dependencia de Ti que la que hemos tenido. Tu nos prometes que, de nuestras luchas, nos traerás el bien.*

*Te agradecemos por Tu gracia y la libertad que nos traes a cada uno de nosotros.*

*Gracias, Señor, por venir a liberarnos.*

SEÑOR, ENSÉÑANOS A DEJAR DE LADO AQUELLAS COSAS SOBRE LAS QUE NO TENEMOS CONTROL, PARA QUE YA NO NOS CONTROLEN A NOSOTROS.

## NOTAS FINALES

1. Proverbios 12:25.
2. Mateo 11:28–29.
3. Salmo 94:19.
4. 1 Pedro 5:7.
5. Éxodo 20: 8-10.
6. Éxodo 20:10-11.
7. Juan 1:16.
8. Salmo 23: 1–3.
9. *El Despertar de los Muertos, John Eldredge. © 2003, 2016. Publicado por Nelson Books. Nashville, Tennessee.*
10. Salmo 147:3.

CAPÍTULO 7

# BLANCO Y NEGRO

No existen las áreas grises. Esa es la mejor manera de describir la forma en que me enseñaron a ver la vida. Mi familia se reunía con otros creyentes todos los domingos, y allí escuchábamos a los predicadores usar palabras como "siempre" y "nunca".

Dios **siempre** hace _____.

Dios **nunca** hace _____.

En blanco y negro.

Monocromático.

Me encantaba este tipo de enseñanza porque encajaba muy bien con mi personalidad. En ese entonces, todo mi mundo giraba en torno a los deportes. No solo recibía prédica en blanco y negro los fines de semana, sino que mis entrenadores también predicaban su propio evangelio en blanco y negro. Si trabajas más duro que el otro equipo, siempre vencerás. Los atajos, en el entrenamiento y la preparación, jamás funcionan. La verdad es que me gustaba ver el mundo a través de lentes monocromáticos. Me hacía sentir seguridad. Me hacía sentir que sabía lo que vendría. Me daba una sensación de control.

Mis primeros días de ministerio estaban llenos de mensajes en blanco y negro. Primero enseñé mensajes con lenguaje absolutista a estudiantes de secundaria y luego a adultos. Compartí estos mensajes con profunda pasión y convicción, viendo muy pocas cosas mal en mi metodología. En aquellos días, no estaba solo en la zona de confort del siempre y del nunca. Otros pastores y ministros que seguía y veía también hallaban seguridad en las fórmulas: la teología del A + B = C acerca de que Dios trae tranquilidad en un mundo que se encuentra repleto de incógnitas.

Pero mis lentes se rompieron aproximadamente al año de comenzar mi batalla contra los ataques de pánico. Las fórmulas que había creído y que había estado enseñando a otros ya no funcionaban para mí. Estaba declarando por fe que estaba curado, pero aún vivía noches aterradoras de corazón acelerado y sin sueño. Confesé y me arrepentí de todos los pecados que podía pensar (y estoy seguro que incluso inventé algunos) y, sin embargo, Dios no solucionaba mi problema. Hubo épocas en que creía que había un problema conmigo. Sólo necesitaba creer más, escuchar más música de adoración, orar mejor o ser una mejor persona en general. Entonces, Dios sí haría algo. También pasé semanas en las que creía que el problema estaba en Dios.

Él no me escuchaba. Si lo hiciese, yo me curaría.

A Él no le importaba. Si le importase, me curaría.

Blanco y negro.

Me convencí de que todo lo que dijo en la Biblia solo era cierto para los demás. Me sentía como un hombre de muy mala vista que había perdido su último par de anteojos. Estaba volando a ciegas y vacilaba entre la ira, la amargura y una profunda tristeza.

Fueron las famosas palabras del apóstol Pablo sobre su espina en la carne las que iniciaron el proceso de encontrar un nuevo par de lentes para ver el mundo. A veces, cuando estás leyendo la Biblia, tienes que verte a ti mismo antes de poder ver lo que Dios está tratando de decirte.

> *Tres veces le rogué al Señor que me la quitara; pero él me dijo: "Te basta con mi gracia, pues mi poder se perfecciona en la debilidad".*

> *Por lo tanto, gustosamente haré más bien alarde de mis debilidades, para que permanezca sobre mí el poder de Cristo. Por eso me regocijo en debilidades, insultos, privaciones, persecuciones y dificultades que sufro por Cristo; porque, cuando soy débil, entonces soy fuerte.*[1]

La historia de Pablo era mi propia historia.

Pablo tuvo un problema que llamó su "espina en la carne". Eruditos han debatido durante años acerca de cuál era realmente su problema. Creo que Pablo fue impreciso en su relato para que todos pudiésemos ver su dolor como el nuestro. Yo estoy convencido de que Pablo tenía ataques de pánico. Otros creen que fue depresión o diabetes, o lo que sea que los esté haciendo sentir menos. Todo lo que sabemos con certeza es que, sea lo que sea que le ocurría, fue doloroso y debilitante.

¿Alguna vez has tenido una espina en tu carne? *Sí.*

Pablo oró al menos tres veces por la sanación de un área de su vida que era tan preocupante que la describía como "un mensajero de Satanás". Muchas veces, en medio de la noche, le dije a Mika que veía ojos rojos en un rincón de nuestra habitación. Vi los mismos ojos la primera noche que comencé a escribir este libro.

¿Alguna vez has sentido una presencia demoníaca? *Sí.*

Dios no respondió con un sí al pedido de Pablo. Pablo oró tres veces pidiéndole que se lo quite. ¿Fue esto un recuento literal, o simplemente un indicador de que se lo pidió en múltiples ocasiones? No lo sé, pero perdí la cuenta de la cantidad de veces que le pedí a Dios que me sanara y me quitara la ansiedad.

¿Alguna vez has pedido: "Por favor, Dios, ¡quítame esto!"? *Sí.*

Lo que me sorprendió fue la respuesta de Pablo al "no" de Dios. La leí una y otra vez. No iba a ocultar su dolor. Por el contrario, utilizó la palabra "alardear". Ni siquiera dijo que con la ayuda de Dios podría soportar su problema. Utilizó la palabra "regocijo". Recuerdo bien el lugar dónde estaba sentado cuando me di cuenta de esta verdad. Imagínate la imagen de una bombilla encendiéndose.

La vida no es en blanco y negro. Dios no es monocromático. Se puede encontrar alegría, paz, libertad y esperanza en las áreas grises de la vida. Dios vive en las zonas grises. De hecho, la única forma de encontrar la libertad es romper tus viejos anteojos y ver el mundo como Él lo ve. Esta es una de las razones por las que Pablo dice más adelante que seremos transformados al cambiar la forma en que pensamos.

> EL PRIMER PASO PARA CAMBIAR TU FORMA DE PENSAR ES DEJAR QUE DIOS CAMBIE TU FORMA DE VER

El primer paso para cambiar tu forma de pensar es dejar que Dios cambie tu forma de ver. El cambio ocurre bajo tensión. La tensión trae estrés. A menudo vemos el estrés como algo que debe evitarse, pero he descubierto que el estrés de "ambas cosas" trae mayor libertad que mis deseos iniciales de "esto o aquello". ¿Qué quiero decir? Pues me alegra que lo hayas preguntado.

¿Será que Dios sana a las personas hoy?

Absolutamente.

He tratado de seguir el ejemplo de Pablo y ser abierto acerca de mi batalla con los ataques de pánico. He hablado sobre esta espina en la televisión, en mi iglesia local y en otras iglesias de todo el país. Al final de la mayoría de estas charlas, literalmente he orado por miles de personas que buscan sanación en su salud mental. Recibí abrazos en el mismo recinto, y también he recibido correos electrónicos días después, en los que la gente ha compartido conmigo su momento sobrenatural del toque sanador de Dios. Por lo general, lo describen como una sensación de que se les está quitando un peso.

Esa JAMÁS ha sido mi experiencia.

Piénsalo: Dios utiliza la oración de un hombre con ansiedad para quitarle la ansiedad a otra persona y, sin embargo, no sana al primero. Así es, hay momentos en los que pienso: "¿Por qué no yo?" Pero ya he visto esa película antes y sé a dónde conduce ese tipo de pensamiento.

¿Todavía apesta?

Sí. ¿Dios todavía lo usa? Así es.

¿Él todavía sana?

He sido testigo de las sanaciones de primera mano, así que digo que sí.

¿Es posible que yo sea el próximo? Por supuesto, pero no hay garantías. Este es el tipo de experiencia *aún no*.

Sé que Dios utiliza mi historia en la vida de las personas. La naturaleza pública de mi trabajo ha dado lugar no solo a cientos, sino miles, de oportunidades a lo largo de los años para sentarme frente a frente, especialmente de hombres, y hablar con ellos acerca de sus luchas contra el pánico y la ansiedad. Si bien nuestras historias tienen diferentes aspectos y detalles, las preguntas, las tentaciones y los miedos son siempre los mismos. No es lo que digo lo que les ayuda. Es más, a veces no digo mucho en realidad. Es lo que ven: un hombre de cincuenta y tantos años que ama a su familia, está agradecido por su trabajo y ama su vida. Esta imagen les da esperanza.

---

Dios usa personas rotas, y estoy agradecido de que lo haga. A los ojos de Jesús, estoy redimido, restaurado y completo. Y, sin embargo, a veces todavía me siento roto y débil. Hay épocas en las que no puedo dormir, tengo dificultades para comer y tengo oleadas de ansiedad que inevitablemente conducen al pozo de la depresión. En esos momentos, jamás pensé para mí mismo: *Esto es genial, realmente voy a ayudar a alguien cuando les cuente esto.* Sin embargo, es en esos lugares oscuros donde siento su poder trabajando. Siento más su fuerza cuando estoy en mi punto más débil. Amo ser usado por Dios. Los ataques de pánico me quitan la vida, pero Dios me devuelve la vida. "El Señor está cerca de los quebrantados de corazón".[2] Me encanta la parte que habla de Su cercanía, pero créeme que la parte que habla de estar quebrantado no está precisamente primera en mi mi lista.

En esta tensión de esta realidad del *aún no,* mi fe se pone a prueba y, finalmente, crece. No me tiene que agradar para saber que es la verdad. Encontramos la verdadera vida en la relación con Dios. Esa relación es iniciada por Dios a través del amor del sacrificio de Su Hijo, Jesucristo. "Cuando todavía éramos pecadores", Jesús decidió iniciar una relación muriendo en la cruz por mí.[3] Se movió hacia mí mucho antes de que yo siquiera mirara en Su dirección. ¿Por qué? Porque su relación conmigo es incondicional. Las relaciones saludables funcionan de esa manera. Una relación condicional no es una verdadera relación, en absoluto. En esto es donde yo he encontrado la libertad.

Pasé gran parte de mi vida poniendo condiciones a mi relación con Dios. ¿Te sientes reflejado o reflejada en esta actitud de ponerle condiciones a Dios a pesar de que Él te ama incondicionalmente? Dios era Monty Hall y mi vida era *Hagamos un trato*. Necesitaba que Él hiciese algo, que arreglase algo, que corrigiese todos los errores en mi mundo, y entonces yo estaría bien; entonces nosotros estaríamos bien. El mío era un pensamiento en blanco y negro. Pero Dios vive en el gris.

No es "lo uno o lo otro".

Es "ambas cosas".

Existe una belleza en la tensión que se encuentra entre la debilidad y la fortaleza, entre el dolor y la cercanía, entre la tristeza y la alegría. Me encantaría recibir un milagro, pero no necesito uno para amar a Jesús. No necesito un milagro para creer que Él está conmigo.

Cuando leemos la historia del hijo pródigo, a menudo ponemos la mayor parte de nuestra atención en el protagonista de la historia. Echemos un vistazo a su hermano mayor:

> *Mientras tanto, el hijo mayor estaba en el campo. Al volver, cuando se acercó a la casa, oyó la música del baile. Entonces llamó a uno de los siervos y le preguntó qué pasaba. "Ha*

*llegado tu hermano—le respondió—y tu papá ha matado*
*el ternero más gordo porque ha recobrado a su hijo sano*
*y salvo".*

*Indignado, el hermano mayor se negó a entrar. Así que su*
*padre salió a suplicarle que lo hiciera. Pero él le contestó:*
*"¡Fíjate cuántos años te he servido sin desobedecer jamás*
*tus órdenes, y ni un cabrito me has dado para celebrar una*
*fiesta con mis amigos!¡Pero ahora llega ese hijo tuyo, que*
*ha despilfarrado tu fortuna con prostitutas, y tú mandas*
*matar en su honor el ternero más gordo!"* [4]

El hermano mayor era una persona que veía las cosas en blanco
y negro. Su hermano pequeño había desperdiciado su herencia.
Entonces, debía ser castigado. Las personas malas reciben cosas
malas. Él se había quedado y había trabajado con su padre,
trabajando para cubrir los errores de su hermano. Por esto, debía ser
recompensado. Se merecía que Garth Brooks apareciese y cantase
para él. Pappas Bros debería venir y preparar una comida completa
en su honor. La gente buena debería recibir cosas buenas. Pero el
padre en esta historia no usaba lentes blancos y negros. Estaba tan
lleno de alegría porque su hijo rebelde, irresponsable y roto había
regresado al hogar, que le hizo la fiesta más grande que jamás se
había visto en su tierra. Comida, alegría y música. Era una fiesta épica.

Pero el hijo, por ver la vida a través de sus lentes en blanco y negro,
se perdió la fiesta.

Yo pasé demasiados años de mi vida viviendo como ese hermano
mayor. Me perdí demasiada alegría que mi Padre quería darme. Pero

ya no quiero más eso. No quiero perderme el corazón de mi Padre. No quiero mirar hacia atrás y decir: "¡Caramba! Me he perdido una gran fiesta". No necesito tener todas las respuestas; solo quiero conocer a mi Padre. Para mí, eso es la libertad.

Rompe tus viejos lentes.

Transfórmate con Su amor.

Deja atrás el blanco y negro.

Acepta el gris.

Conoce a tu Padre.

NO NECESITO TENER TODAS LAS RESPUESTAS; SOLO QUIERO CONOCER A MI PADRE

NOTAS FINALES

1. 2 Corintios 12:8–10.
2. Salmo 34:18.
3. Romanos 5:8.
4. Lucas 15:25–30.

EN LA TENSIÓN DE
NUESTRA REALIDAD
DEL "AÚN NO" ES
DONDE NUESTRA FE ES
PUESTA A PRUEBA Y,
FINALMENTE, CRECE.

CAPÍTULO 8

# SÉ UN PEZ GOBIO

Todos hemos visto la imagen épica de un salmón nadando río arriba en el noroeste del Pacífico. Miles de estos peces nadan río arriba para desovar y luego mueren durante la gran carrera del salmón. La historia para ellos no termina bien. He escuchado centenares de discursos motivadores que hablan del salmón, y este pez ha sido un ejemplo perfecto de mensaje que me muestra de qué modo tengo que luchar por mi propósito y lo importante que es para mí desarrollar un espíritu de resistencia.

Me encanta esta imagen del salmón, pero permíteme contarte acerca de algo que me gusta más aún: El pez gobio (Sicyopterus stimpsoni), también conocido como el "escalador". Pocos han oído hablar del humilde gobio. Estos peces abandonan el santuario de agua salada a donde fueron llevados por la corriente del río y depositados cuando eran pequeños. En su adolescencia vuelven a remontar los ríos de agua dulce que rodean las islas hawaianas y, al igual que el salmón, los gobios nadan río arriba y superan grandes obstáculos para llegar al lugar donde desovan. Sin embargo, mi humilde opinión es que el gobio le gana al salmón. No solo porque nada incansablemente contra la furiosa corriente en su migración, sino que además escala las rocas que están detrás de grandes cascadas usando dos pequeñas ventosas que tienen en su cuerpo, empujando hacia arriba con sus aletas a medida que escala, centímetro a centímetro, hasta alcanzar un refugio seguro para desovar.

El gobio es un pez pequeño, de solo unos pocos centímetros de largo. Si atrapases uno, seguramente lo lanzarías de regreso al agua. ¡Imagínate que su escalada a una roca de 350 pies de alto se compara a cualquiera de nosotros escalando tres veces la altura del monte Everest![1]

Me gusta el gobio por un par de razones. En parte, porque no se limitan a subir, depositar sus huevos y morir. Los gobios viven durante años, jugando en la corriente del mismo río que lucharon tanto para remontar. Me gusta más el gobio que el salmón principalmente por lo que le ocurre cuando comienza a escalar. La lucha para nadar río arriba cambia radicalmente a este pequeño pez. El gobio se transforma en la batalla para nadar río arriba.

David escribió que "los cielos cuentan la gloria de Dios".[2] Sin embargo, no estaba diciendo que la majestad de Dios se ve únicamente en un amanecer o en la vista de una montaña. David explicaba que donde podemos ver mejor la *intención* de Dios es en su creación. ¿Quieres saber qué hace Dios cuando te encuentras en aguas turbulentas? Mira al gobio. Hablemos de turbulencia por un momento.

Yo creo que, para ti y para mí, caminar en libertad no se logra en aguas tranquilas. Jamás seremos totalmente libres hasta que tengamos una imagen a escala de Dios de lo que significa caminar en libertad. La libertad surge cuando la depresión o la desilusión te llevan río abajo, pero igualmente luchas. La libertad surge cuando utilizas la poca fuerza que te queda (o incluso la fuerza que no tienes) y luchas para avanzar río arriba, centímetro a centímetro. En ocasiones, tu cabeza se sumerge bajo el agua por momentos. La mayoría de las veces, no estás seguro de lograrlo. Pero te rehúsas a dejarte llevar por la corriente. Luchas para nadar río arriba. Luchas para llegar a las aguas de tu origen, al lugar en donde  fuiste creado para morar antes que la furiosa corriente de la vida te arrastrase río abajo.

La libertad no es la ausencia de algo.

La libertad es la presencia de alguien.

JAMÁS SEREMOS TOTALMENTE LIBRES HASTA QUE TENGAMOS UNA IMAGEN A ESCALA DE DIOS DE LO QUE SIGNIFICA CAMINAR EN LIBERTAD

Todos experimentamos dolor. En algunas épocas de nuestras vidas puede parecer que no podemos evitar el dolor. Entonces, tenemos la tendencia de preguntar a Dios "por qué" y de rogarle que nos quite el dolor. Quizás en este momento tú estás atravesando una época difícil en tu vida. El desafío de estas temporadas difíciles y del dolor que traen es permitir que ese dolor te lleve a lugares a los que nunca quisiste ir.

Aguas turbulentas.

Nadar corriente arriba.

Luchar contra la fuerza de la gravedad.

En nuestros días deprimentes y noches llenas de ansiedad abundan los sueños de aguas tranquilas. Necesitamos comprender que ese momento mítico en el que no lucharemos, en el que no habrá dificultad ni aguas turbulentas, *jamás llegará*. Ese momento nunca llegará. El llamado de Dios en nuestras vidas es a la libertad. La libertad no es la ausencia de aquellas aguas turbulentas. La libertad es el poder sobrenatural que nos da el Espíritu para seguir nadando río arriba.

El pez gobio me muestra que el propósito final de Dios es cambiarme. ¿Cuál es la diferencia entre un gobio y yo? Que yo puedo decidir. Amargarme o cambiar, es mi elección. No puedo elegir el agua, pero sí puedo decidir cómo me veré del otro lado de la corriente. Dios utiliza estos momentos para mi bien. Él está tratando de construir mi carácter y de cambiar mi perspectiva. Me está poniendo en la posición en la que pueda lograr el máximo impacto en la vida de quienes me rodean. Puedo cruzar mis brazos, bajar la mirada y culparlo por no solucionar mis problemas o puedo comenzar a permitirle que moldee en mí Su mejor versión del hombre que Él creó que fuera. Quiero ser un gobio.

Todos tenemos nuestras batallas, nuestras cojeras, nuestras espinas. Tu batalla quizás sea el pánico y la ansiedad, tal como la mía. Pero tu lucha puede ser distinta. Una batalla es cualquier cosa que nos haga sentir menos que. Quizás tu matrimonio se destruye, tu hijo se rebela, las cuentas sin pagar se apilan fuera de control, o tu desafío es la salud. Para mí, son los ataques de pánico que ocurren en los momentos más estúpidos, sin ninguna razón.

Cuando me siento "menos que", las cosas que comienzan a presentarse en mi vida son: en primer lugar, que me cuesta comer; número dos, me cuesta mucho dormir; y número tres, tiendo a aislarme. Puede ser que tú estés en el otro extremo del espectro. O sea, que cuando llegan los momentos difíciles, a lo mejor deseas comerte todo lo que esté a la vista. O es posible que desees medicarte. ¿Puedes adivinar cuál es el resultado de no comer, no dormir y aislarme? ¿Te lo imaginas? El resultado es que caigo un poco más abajo. ¿Adivina qué ocurre entonces? No tengo menos pánico y ansiedad, sino más. Y, como me veo derrotado, cedo a cosas que me derrotan aún más, hasta que mi propia profecía de fracaso se cumple.

He notado que cuando me encuentro en temporadas como esas, resulta increíblemente importante para mí hacer aquellas cosas que no quiero hacer, así no me convierto en una profecía auto cumplida. Creo que la libertad es desarrollar mi capacidad de nadar río arriba. Como líder, como una persona a quien Dios le ha dado influencia, el ritmo de la vida debe ser nadar río arriba. Nadar río arriba incluso cuando las aguas estén turbulentas.

Las disciplinas espirituales resultan imprescindibles para prepararte para los momentos tempestuosos que se avecinan. Necesitamos el tipo de decisión que viene del Espíritu para seguir nadando cuando la vida no va bien. Yo quiero vivir en un ritmo de vida en el que hago aquellas cosas para las cuales no tengo una inclinación o talento natural, pero que sé que son buenas para mí porque me dan vida. ¿Sabes cuáles son esas cosas para ti? No estoy hablando de cosas felices, solo de aquellas cosas que disfrutas. Son cosas que pueden resultarte difíciles, pero fortalecen tu espíritu y tu mente, nutren tu alma y te preparan para las batallas que se avecinan.

- ¿Sabes cuáles son esas cosas en tu vida?
- ¿Qué disciplinas necesitas cultivar para estar preparado?

Para mí, una de esas disciplinas es el ejercicio físico. Detesto hacer ejercicio. El único éxtasis que vivencio al correr es cuando decido dejar de hacerlo. Entonces, mi decisión de hacer ejercicio y subir mi ritmo cardiaco es porque me ayuda a nadar río arriba. He descubierto que es imprescindible para mí, al punto que luchar contra esto que me hace sentir menos, no es negociable para mí. ¿Sabes cuál es el momento en que me resulta más difícil? Cuando estoy en medio de una temporada de esos ataques. Como mi corazón ya está latiendo rápido por el pánico, me subo a la máquina elíptica durante unos dos minutos. ¿Adivina qué sucede a continuación? Mi corazón comienza a latir rápido y yo siento: "¡Oh, no! ¡Aquí vamos de nuevo!" Y quiero bajarme de la máquina inmediatamente. Pero ese es el momento en que más lo necesito. Cuando hago que mi corazón lata rápidamente con el ejercicio, estoy anulando el poder de la ansiedad para hacer que mi corazón se acelere de pánico. Uno de estos dos tipos de corazón acelerado es saludable y yo lo puedo influenciar. El otro es destructivo y está fuera de mi control.

¿Qué es lo que más necesitas? ¿Qué precio estás dispuesto a pagar para encontrar la vida que has buscado siempre? La libertad no es la ausencia de aguas turbulentas sino la capacidad de nadar río arriba cuando la vida intenta arrastrarte. Pero tienes que prepararte para tener éxito. Tienes que desarrollar los músculos que necesitarás para nadar río arriba.

Algunas cosas te llevan al fracaso. No son necesariamente malas, pero para ti no son buenas por las características de tu batalla personal. Antes mencioné que una de estas cosas para mí son las películas de terror. No veo cine de terror. Puede ser que a ti te gusten las películas de terror como Poltergeist, pero yo prefiero ir a la sala de al lado a ver una película de Disney. Tengo un trastorno de ansiedad.

Mi papá tiene 85 años y tiene mucho tiempo libre. Creo que mira las noticias cinco veces al día. Le encantan todos los programas policiales. Siempre quiere contarme lo que vio en las noticias o en el último episodio de COPS. Finalmente tuve que decirle que no

SÉ UN PEZ GOBIO | 101

veo esos programas. ¿Por qué? ¡Pues porque el contenido de esos programas me pone tenso! Si el género de la programación dice suspenso u horror, no cuenten conmigo. Yo sé que esa clase de cosas no me ponen en una posición en la que pueda nadar río arriba y la causa son mis propios desafíos personales.

- ¿Sabes cuáles son esas cosas en tu vida?
- ¿De qué cosas necesitas alejarte?

***

Me gusta el pez gobio porque a los dos días de subir por las cascadas, su cuerpo cambia físicamente. Su boca se alarga. Su mandíbula desciende. ¿Por qué? Para tener suficiente succión para aferrarse a una roca y escalar, y para poder alimentarse de manera diferente. ¡Incluso su dieta cambia! Para sobrevivir a la escalada, el gobio necesita alimentarse de las algas de las rocas, ya que estas le darán la fuerza necesaria para llegar a su destino.[3]

La transformación que todos queremos llega cuando hacemos la travesía río arriba que a todos nos toca hacer. Es la imagen de la que habla Pablo para todos los que estamos atrás: hacer el esfuerzo en pos de lo que tenemos por delante. La condición física, emocional, y especialmente la condición espiritual que deseas no se desarrolla cuando nos resulta fácil, sino cuando superamos los momentos difíciles. La resistencia repetida desarrolla los músculos. Es en la lucha donde somos transformados. Dios te transforma, y lo hace poniéndote en la mejor posición para prevalecer en cualquier batalla que se te presente.

> ES EN MEDIO DE LA LUCHA DONDE SOMOS TRANSFORMADOS

*Puedes ser como mi amigo que pasa todo su tiempo preguntándose:*

- ¿Por qué me pasa esto a mí?

- ¿Por qué se derrumba mi matrimonio?

- ¿Por qué se rebelan mis hijos?

- ¿Por qué tengo depresión?

- ¿Por qué lucho contra los ataques de ansiedad?

O puedes confiar en Dios, bajar la cabeza y nadar.

No llegaré a ser la persona que quiero ser por no volver a tener jamás otro ataque de pánico. Seré la persona que quiero ser porque encuentro las fuerzas para soportar cuando tengo esos ataques. No pasa un día en que yo no le pida a Dios que me los quite. No tengo ninguna duda de que está dentro de la capacidad de Dios y del corazón de Dios que yo sea libre de esto. Pero hasta el momento en que lo haga, en estos momentos "aún no" está obrando un tremendo trabajo en mi vida.

Cuanto más viejo me vuelvo, más pienso en el final de mis días. No pienso en el final de mis días en la tierra de una manera mórbida sino de un modo mucho más reflexivo. Sé que cuanto más joven seas, más raro te parecerá. Quiero que las personas cercanas a mí, las que están prestando atención, digan que yo luché la buena batalla. Que terminé la carrera. Quiero terminar bien.

Durante mucho tiempo, viví en un lugar donde le pedía a Dios que arreglara lo que estaba roto en mí. Quería que Él chasquease sus dedos y me quitase la espina. Ahora, le pido que me refine mientras nado río arriba. Le pido que me ayude a nadar bien. Me esfuerzo todos los días para hacer las cosas que me traen vida. Elijo cosas que restauran mi alma. Huyo como si fuera peste de aquellas cosas que me alejan de la vida que quiero.

La gente necesita verte nadar río arriba bien. El mundo necesita ver a la comunidad de creyentes nadando río arriba. Allí es donde encontrarás una vida llena de libertad.

Haz cosas difíciles.

Juega asustado.

Haz aquellas cosas que hacen que tus rodillas se aflojen un poco.

Sé un gobio.

> *¡Que me mate! ¡Ya no tengo esperanza! Pero en su propia cara defenderé mi conducta. En esto radica mi liberación...*[4]
> *El Señor está conmigo, y no tengo miedo; ¿qué me puede hacer un simple mortal?*[5]

## NOTAS FINALES

1. *Waterfall-climbing Fish Performs Evolutionary Feat.* ©2014 National Science Foundation. Publicado el 3 de febrero de 2014 por Miles O'Brien, corresponsal de Science Nation, y Marsha Watton, productora de Science Nation. Visitado el 13 de noviembre de 2019 en: https://www.nsf.gov/news/special_reports/science_nation/waterfallclimbingfish.jsp.
2. Salmos 19:1.
3. *Determined Fish Climb Waterfalls with Special Sucker Mouths.* ©2013 Smithsonian.com. Publicado el 7 de enero de 2013 por Rachel Nower. Visitado el 13 de noviembre de 2019 en: https://www.smithsonianmag.com/science-nature/ determined-fish-climb-waterfalls-with-special-sucker-mouths-393459/
4. Job 13:15-16a.
5. Salmo 118:6, MSG.

LA LIBERTAD NO ES LA AUSENCIA DE
AGUAS TURBULENTAS, SINO LA CAPACIDAD
DE NADAR RÍO ARRIBA CUANDO LA
VIDA TRATA DE ARRASTRARTE.

CAPÍTULO 9

# INCLUSO EN EL AÚN NO

Conducíamos hacia el norte de Denton en total silencio. Las lágrimas comenzaron a brotar en nuestros ojos. Era demasiado doloroso hablar entre nosotros, así que ambos mirábamos al frente. Ninguno de nosotros quería mirar al otro, ya que sabíamos que al cruzarse nuestras miradas la cosa empeoraría. Esa no era la primera vez que nos despedíamos de nuestros hijos. No era la primera vez que besábamos a nuestros dos nietos y nos íbamos, pero no importaba cuántas veces lo hayamos hecho, nunca se nos hizo más fácil. No había preparación emocional que hiciese que despedirse fuese menos doloroso. Cada vez que nos despedíamos, nos quedábamos sin aliento. No había ninguna felicidad al final de nuestras visitas. Finalmente, me atreví a mirar a Mika. Cuando su mirada de complicidad se encontró con la mía, me dijo suspirando: "Nunca pensé que nos encontraríamos aquí. Ya estoy extrañando a los niños".

Asentí. Por alguna extraña razón, habíamos asumido que siempre tendríamos un asiento de primera fila durante todo el crecimiento de nuestros nietos. En mi cabeza, el plan era tener a los pequeños a nuestro alrededor todo el tiempo. No tenía que preocuparme en extrañarlos porque había creído que vivirían sus vidas a la vuelta de la esquina. Verlos cargar todo para el viaje de regreso a Mississippi fue un recordatorio de que Dios suele tener un plan diferente para nuestras vidas. La mayoría de las veces no se parecen a nada que hayamos imaginado. Si bien las visitas siempre fueron maravillosas, todavía resultaban demasiado cortas, y no eran tan frecuentes como quisiéramos. Todo en su vida es excelente. Grant, mi yerno, tiene un gran trabajo, son parte de una iglesia que da vida y son parte de una auténtica comunidad con buenos amigos. El único detalle es que todas estas bendiciones estaban ocurriendo en el estado equivocado (en opinión de Papa T y de Honey). La verdad es que nuestra hija y su familia son felices, pero no como lo había planeado.

Me concentré en el camino por delante, haciendo retroceder la emoción lo mejor que podía. Luché con todo lo malo y feo de la situación y finalmente hallé algo bueno en ella. Unos momentos más de silencio pasaron entre nosotros antes de decir: "Mika, ¿no es una locura, sin embargo, cómo Dios ha llenado los vacíos para nosotros?" Mi mente se inundó con los rostros de todos los hijos e hijas espirituales a los que tuvimos el privilegio de dedicarnos. Una de las bendiciones por las que Mika y yo estamos inmensamente agradecidos es las relaciones que hemos construido durante décadas de servicio en Cross Timbers. Entregarnos a la próxima generación de líderes es una pasión que Mika y yo compartimos. Para nosotros, poder orar y caminar junto a las madres y los padres que crían a sus pequeños a nuestro alrededor es un gran honor. Comencé a hablar de los dos jóvenes que Dios había colocado divinamente en nuestras vidas justo cuando nuestros hijos se mudaban a ocho horas de distancia. Tuvimos la oportunidad de ser abuelos sustitutos por una temporada. A pesar de mí, no pude evitar sonreír al contar estas bendiciones. Mika asintió con la cabeza, recordando conmigo. Incluso en ese ámbito agridulce pudimos encontrar alegría y felicidad. Luego los dos quedamos en silencio. Llevamos casados más de treinta años y nos hemos vuelto muy buenos en saber lo que el otro piensa sin tener que decir una palabra.

Generalmente estamos "en la misma página" y sabía que ambos estábamos agradecidos por las bendiciones. Finalmente, dije en voz alta: "Pero, no es lo que queremos". Mika negó con la cabeza, dándome la razón, y a la vez que nuevas lágrimas surgieron, dijo: "Nunca pensé que me encontraría aquí".

---

Jamás hubiese soñado en mis veintitantos años que a los cincuenta estaría relatando en un libro una batalla de veinticinco años contra la ansiedad y el pánico. De hecho, ya diez años en este viaje, recuerdo haberle dicho a Mika que un día escribiría un libro sobre la completa sanación que Dios me daría para esta enfermedad emocional. Había estado posponiendo escribirlo hasta que pudiese dar testimonio de la sanación, ya completamente libre de ansiedad. Pero aquí estoy, todavía luchando contra el pánico, preguntándome si estoy calificado para escribir acerca de esto cuando no tengo la "victoria". Conozco a tantos que, como yo, se encuentran en un lugar que jamás soñaron. Si has llegado hasta aquí en este libro, probablemente hayas pronunciado palabras tales como: "Nunca pensé que me encontraría divorciado... o adicto... o quebrantada... o afligida... o _____". La vida no ha sido o no es como la soñaste.

Te sientes herido o cansado. Estás decepcionada y un poco molesta sobre dónde te encuentras.

El escritor de Hebreos señala que allí aprendió la obediencia en el sufrimiento. "Aunque era Hijo, mediante el sufrimiento aprendió a obedecer".[1] Resulta imposible crecer en la fe a menos que tengamos algo que vencer. Tu fe a menudo se construirá a partir de sus problemas. Podemos aprender de nuestro sufrimiento.

Ten en cuenta que los problemas no siempre representan que Dios esté ausente en tu vida. ¡Todos queremos levantarnos y cantar "Océanos" de Hillsong, pero no queremos meternos en el agua hasta el cuello! En tu viaje y en el mío debemos recordarnos permanentemente que los desafíos encierran oportunidades. El enemigo lucha contra nosotros a través de la perspectiva que tomamos de nuestros problemas. Lo que nos hace diferentes es que Dios está trabajando para transformarnos y darnos forma a Su imagen a través de nuestros problemas. Tenemos que replantear nuestro pensamiento y cambiar nuestra perspectiva para que veamos los momentos difíciles como aquellos lugares que Dios emplea para moldearnos activamente a Su imagen. Gracias a Él es que podemos tener coraje en medio de nuestros problemas. Con demasiada frecuencia intentamos hacer las cosas bien para finalmente lograr ser felices. Renuncia a la necesidad de ser feliz y deja que Dios te enseñe algo en medio de la tensión.

Veámoslo de esta manera: a veces, los problemas son solo problemas. A veces las torres se derrumban. No siempre es tu culpa, aunque a veces lo es. Seamos dueños de nuestras respuestas individuales en cada una de nuestras épocas y situaciones, sin importar de quién sea la culpa. Tomemos posesión de cómo respondemos. Se necesita valor para ser dueño de tus propios errores y sentir satisfacción, independientemente de tus circunstancias. Se necesita valor para ser auténticamente positivo en medio de tus problemas. No hay vida en quejarse. Vivamos, demos gracias y permanezcamos unidos en el amor. Sé que, en este espacio y tiempo, esta es una forma radical de vivir, pero ciertamente es una mejor manera de existir. Ora para que

Dios te dé el coraje de aceptar lo que necesitas aceptar. Pide perdón, y en esto encontrarás mucho más que felicidad. Cristo en ti es la esperanza de la gloria, y en esa verdad podrás encontrar verdadera alegría.

Debes dar un paso hacia la libertad. Ahora que ves tu lucha por lo que es y estás listo para que Dios haga algo, comienza a caminar hacia tu libertad. Lo más probable es que te haya tomado mucho tiempo entrar en tu lucha, e igualmente te tomará un tiempo salir de ella. Lo más probable es que Dios no solucionará todos tus problemas golpeándote con un rayo. Por el contrario, te tomará de la mano y te conducirá por un camino que te transformará por completo. Llegará al "por qué" de tu lucha y sanará las heridas en tu corazón.

Tu parte en ese proceso será dar un paso en esa dirección. Niégate a revolcarte en tus circunstancias. Coopera con Dios y muévete con Él. Te prometo que, si das un paso, Él te encontrará dando los otros noventa y nueve.

El paso a dar se verá diferente para cada persona. Podría ser unirte a un grupo de personas de ideas afines que también estén avanzando hacia la libertad. Puede ser acudir a un consejero cristiano que pueda ayudarte a recibir una perspectiva bíblica y someterte al camino de Dios en tu vida. Hay centros de asesoramiento cristiano en todo el país. En tu comunidad hay personas amorosas que esperan la oportunidad de conectarse significativamente contigo. No fuiste diseñado para sanarte por tu cuenta. No lo intentes.

Para algunos de ustedes, avanzar hacia la sanación es un problema de mantenimiento. Quizás hayan recibido asesoramiento y ya dispongan de las herramientas que necesitan para caminar en libertad. Lo único que les falta es hacerlo. Jamás debemos cansarnos de caminar en nuestra sanación. Satanás solo necesita la menor oportunidad para devolvernos a la esclavitud.

Me encanta cómo Pablo se lo expresa a su hijo espiritual Timoteo, cuando le dijo: "Más bien, ejercítate en la piedad".[2]

**SI QUIERES SER LIBRE, DEBES COMENZAR A CAMINAR EN DIRECCIÓN A LA LIBERTAD**

Dedícale el tiempo y el esfuerzo necesario. Si quieres ser libre, debes comenzar a caminar en dirección a la libertad.

Amigo, este es el comienzo de un gran viaje para ti. Dios quiere que descubras la paz de vivir en hermosa comunión con Él. No siempre será cómodo ni todos tus problemas desaparecerán. La meta no es una vida libre de problemas sino vida en abundancia. Corre a casa, hacia Él. Él está esperando para organizar una fiesta, para cubrirte con su manto de justicia, para darte los calzados del Hijo y el anillo de su gloria. Permítele que te lleve por un camino de sanación que no solo te liberará, sino que además liberará a tus hijos.

He estado compartiendo mi historia contigo en estas páginas para que puedas ver que yo también he estado donde tú estás hoy. Quizás yo no conozco los detalles minuciosos de tu historia o los lugares debilitantes por los que has transitado. Pero no digo que comprendo cómo te sientes, sino que, de verdad sé cómo te sientes. La lucha para no sentirte "menos que" es una batalla que me resulta familiar. Si tuviese el privilegio de sentarme contigo a compartir una taza de café y me contases tu historia, me gustaría que te fueras sabiendo estas tres cosas:

# 1. DIOS SIEMPRE PROVEERÁ

*Busquen el reino de Dios, y estas cosas les serán añadidas.*
*No tengan miedo, mi rebaño pequeño, porque es la buena*
*voluntad del Padre darles el reino.*[3]

Dios siempre proveerá, pero no siempre me dará lo que yo quiero. Si he aprendido algo durante esta temporada es que la batalla por mi corazón se trata, en última instancia, de abrazar lo imperfecto. Aceptar e incluso encontrar gratitud en los dones de Dios, recibidos en Sus términos y en Su tiempo, es algo que resulta dolorosamente santificante. Lo que yo deseo es no despertarme nunca más con el corazón acelerado y el pecho palpitante. Dios me ha dado la gracia de ser "presionado, pero no aplastado" en aquellos momentos en que siento como si mi mundo estuviese fuera de control. ¿Es lo que quiero? ¡No! Oro por la sanación sobrenatural del pánico y la ansiedad todos los días. Pero no necesito el milagro de la sanación para ser libre. Las promesas de Dios no se tratan de liberarme de algo. Lo que Él promete es liberarme **a través** de algo. Lo que Él provee no siempre parece ser la completa sanación. La verdad espiritual en eso es que Él aún está allí, todavía nos provee, aunque no reciba una sanación total. Es el misterio de Su provisión. Dios siempre proveerá. Aunque no siempre se vea como lo que queremos o lo que pensamos.

Detesto los ataques de pánico, pero puedo decir con toda honestidad que he sentido el poder y la presencia de Dios en esos momentos más que en otros momentos de mi vida. He decidido agradecer lo que Él me ha dado, incluso si no es lo que más le pido. Bromeo con mi hijo diciéndole que ser abuelo se trata de darles a mis nietos lo que quieren, pero que su trabajo como padre es proporcionarles lo que necesitan. Creo que finalmente estoy aprendiendo que Dios es un padre, no un abuelo. Y estoy encontrando paz en esa realidad.

## 2. DIOS ESTÁ TRABAJANDO

*"Pues Dios es quien produce en ustedes tanto el querer como el hacer para que se cumpla su buena voluntad".* [4]

Dios está trabajando, incluso cuando pareciera que no. A lo largo de los años, en muchas ocasiones levanté el puño y le grité a Dios: "¿Dónde estás? ¿Por qué no arreglas esto? ¿Qué está mal conmigo? ¿Qué te pasa?" Nunca lo vi en esos momentos, pero ahora puedo decir con plena confianza que siempre estuvo trabajando. Él me ha enseñado cómo ministrar desde mi fragilidad y debilidad, en vez de hacerlo solamente a través de mis fortalezas. Me siento liberado de la necesidad de tener todas las respuestas, tanto para ti como para mí. ¡Confía en mí, así es Él cuando está trabajando! Él ha construido compasión en mi corazón y me ha dado un espíritu que siente compasión por las personas que sufren. Me ha dado un entendimiento que estoy convencido de que jamás habría alcanzado sin esta batalla. Pero sobre todas las cosas, ha estado trabajando para enseñarme cómo confiar en Él. No para cantar una canción acerca de la confianza sino para confiar verdaderamente en Él, para confiar en que Él se ocupa de mí y de las cosas que más amo.

He descubierto que quiero ser alguien que supera las cosas pero que, simplemente, no disfruto tener cosas por superar. *Océanos (Donde Mis Pies Pueden Fallar)* es una excelente canción para cantar en la iglesia, solo que no quiero sentir que me estoy ahogando en las "aguas más profundas" donde "mis pies pueden fallar". No sé a qué te enfrentas, pero los ataques de pánico me hacen sentir precisamente eso: que estoy ahogándome. En esos momentos, Jesús es todo lo que tengo. Si no me ayuda a pasar por eso, estoy acabado. Es un lugar feo, duro, horrible y hermoso. Me está cambiando, a pesar de que no me esté arreglando. Él me está enseñando que está trabajando incluso cuando parece que no está ahí presente.

## 3. LA PAZ DE DIOS ES POSIBLE SIN PERFECCIÓN

*"Al de carácter firme lo guardarás en perfecta paz, porque en ti confía".* [5]

Tengo un recuerdo de estar sentado en clase como un niño de tercer grado que comienza a entrar en pánico cuando el maestro reparte las notas de los exámenes de matemáticas. No tenía miedo de fracasar. Lo que sentía era ansiedad de no sacar 100. Por loco que parezca, ese momento define claramente uno de los problemas de mi vida (si no el más grande de todos): la necesidad de ser perfecto en la escuela, en la iglesia, en las relaciones, en la vida. Viví muchos años bajo la creencia falsa y debilitante de que la felicidad solo se podía encontrar en la perfección. El problema era (y sigue siendo) que en este mundo la perfección es imposible. Mi matrimonio, mis amistades, mi desempeño laboral, mi paternidad, mi caminar con Jesús… todos son imperfectos. Esta era la razón por la cual creía que cuando me conociesen completamente no podría ser amado completamente: porque creía que solo las personas perfectas eran amadas perfectamente. Por eso le dije a mi primer consejero que cualquier resultado menor a no tener ningún ataque de pánico era inaceptable para mí. Para que Dios fuese real y para que yo estuviese completo, yo debía ser perfecto en el área de la ansiedad.

Desde aquel entonces he podido aprender lo tóxico que puede ser ese tipo de pensamiento para el alma de un hombre, y lo opuesto que resulta al corazón de Dios. No he dejado de creer que Dios puede sanarme, pero mis heridas ya no me definen. Las cicatrices pueden ser algo hermoso, porque le dan a las personas heridas y magulladas la esperanza de que Dios las ama de todo corazón y las acepta incondicionalmente, sin importar cuán "imperfectos" podamos sentirnos. Por esto, mis objetivos han cambiado desde aquel primer día en la oficina de mi consejero. Si la respuesta más frecuente del Señor a mi oración sigue siendo "No", y si lucho contra el pánico hasta mi último día en la tierra, puedo decir con todo mi corazón que estaré en paz con mi alma. Puedo testificar sinceramente que Dios todavía provee y trabaja por mí. Él todavía me brinda paz en medio de la tormenta. Él es perfecto en medio de toda mi imperfección.

La mayoría de nosotros vivimos en el **aún no**. Si ahí es donde te encuentras hoy, entonces la mejor decisión de tu vida en este momento será ignorar las voces que aún te dicen que eres menos por el desafío que enfrentas. Invita al Cristo que vive en ti a que se una en tu batalla. Quizás yo no conozco tu situación, pero sí sé esto: Dios no ha terminado contigo. Él es un buen padre que le da a sus hijos exactamente lo que necesitan. Él te restaurará. Puede ser que la restauración no parezca que Él te dé exactamente lo que has perdido, pero si sigues caminando Él te dará la vida que nunca has esperado. Yo creeré por ti cuando te cueste creer por ti mismo. Me recuerdas cuando el dolor me dificulta recordar las palabras que he escrito. Juntos podemos saber esto: la paz es posible, Jesús es real y tus mejores días aún están por venir.

> INVITA AL CRISTO QUE VIVE EN TI A QUE SE UNA EN TU BATALLA.

Se necesita valor para seguir adelante. Se necesita valor para no renunciar. Hay poder en la resistencia y en la perseverancia. El enemigo ataca estos valores con toda su fuerza porque al otro lado de ellos existe la bendición. La forma en que puedes ganar cuando surgen los problemas, la forma en que yo gano, es sobreviviendo. Necesitamos sobrevivir a nuestros críticos.

Verdadera confesión: mi impulso para escribir **Aún No** fue la salud emocional. Cuando consideré por primera vez escribir estos capítulos y planificar esta serie de mensajes, estaba pensando en mis propias batallas con el pánico y la ansiedad a través de los años. Leía artículo tras artículo sobre el número alarmantemente alto de estadounidenses que sufren de depresión, ansiedad y otros desafíos emocionales. La mayoría de las cosas que leí, si bien son útiles, para mí resultan incompletas.

En los tiempos oscuros de mi ansiedad, probé una gran cantidad de ejercicios y técnicas para lograr recuperar cierta sensación de bienestar emocional. Sabiendo que mi salud física juega un papel fundamental, hago mi mejor esfuerzo para hacer ejercicio regularmente y tener cierta disciplina en mi alimentación. He sido intencional en cultivar ciertas relaciones de nivel 10. Estas relaciones me permiten ser completamente abierto y honesto sobre mis dudas y luchas en los tiempos más oscuros de mi alma. Autores prolíficos me han enseñado el valor del cuidado del alma e intento, en la medida de lo posible, vivir un ritmo de vida sostenible. Creo que todo este proceso ayuda a mi salud emocional. Este trabajo del alma me pone en posición de recibir el verdadero bienestar. Sin embargo, por sí solos, estos aspectos no son suficientes.

A través de los años, mi definición de salud emocional ha cambiado.

En mis veinte y treinta años, prensaba que la salud emocional era la ausencia de desafíos emocionales. Creí la mentira religiosa que dice que, si yo orase lo suficiente, si yo estudiase lo suficiente y si hiciese todo lo correcto, Dios retiraría los desafíos emocionales de mi vida. Pero eso no funcionó. Superé mi arrogancia religiosa acerca de los medicamentos que tratan los síntomas de estos problemas, y por un tiempo los medicamentos me ayudaron.

A mitad de mis treintas y durante los cuarenta años de edad, descubrí los conceptos de las heridas del corazón y de la guerra espiritual. Hice un trabajo terriblemente difícil con la ayuda de consejeros cristianos y enfrenté mis heridas, perdoné mucho y comencé a comprender cómo mi enemigo intentó aprovechar viejos patrones de pensamiento para llevarme a lugares poco saludables. La ansiedad aún asomaba ocasionalmente su fea cabeza, dejándome lleno de dudas y cuestionando la obra de Dios en mi vida.

Comencé a cambiar cuando cambió mi objetivo. Fue un cambio sísmico para mí. No todos lo comprenden. Muchos de mis amigos carismáticos piensan que he renunciado a la noción de una sanación completa. Puedo asegurarte que no es así. Otros, continúan ofreciéndome artículos sobre nutrición, teología, ejercicios de meditación e innumerables herramientas para librarme de los ataques de pánico de una vez por todas. Sé que me aman y quieren verme emocionalmente saludable. Yo también quiero eso. Pero apunto mi flecha hacia un nuevo blanco.

Sé que esto quizás sea un desafío para algunos de ustedes, pero he llegado a un lugar donde la salud emocional para mí no es la ausencia de desafíos emocionales, de ansiedad y de su consecuente tendencia a la depresión. Para mí, la salud emocional es el desarrollo de un espíritu de superación.

Cuando la ansiedad me golpea, de vez en cuando, esta es la forma en que respondo, la cual indica mi salud emocional. Pablo habla de ser "perseguidos, pero no abandonados; derribados, pero no destruidos".[6] Para mí, esta es la definición misma de un espíritu de superación. En los momentos oscuros Dios profundiza mi vida de oración y construye mi dependencia de Él. Jamás estoy más relacionalmente saludable que en esas temporadas difíciles donde aprendo a ser completamente transparente con las personas más cercanas a mí. No me gustan las noches oscuras de las temporadas por venir, pero estoy aprendiendo a apreciar el poderoso trabajo que Dios hace en mí durante ellas. Compartir mis luchas como pastor desalienta el trabajo del enemigo y aprovecha mi debilidad para la fortaleza de Cristo.

Es la obra del Espíritu Santo.

Él trae integridad, salud y bienestar a mi alma. Él tomará la debilidad y el dolor y los convertirá en fuerza y victoria para realizar Su obra en mi vida. La autoayuda no funciona. Lo que busco es la ayuda de Cristo. Eso no significa que no me una a Él en el proceso. Estoy comprometido con la práctica y los principios del bienestar en las diversas áreas de mi vida. Es Su trabajo lo que se une con mis elecciones y que me lleva al lugar de un espíritu superador. Los resultados de esto son alegría, paz y esperanza en una vida que Le da gloria.

Permanece de pie cuando todo se caiga a tu alrededor.

Sigue caminando.

Sigue creyendo.

Sigue confiando.

Esto es bueno, incluso en el *aún no*.

"... y si no, todavía Él es bueno".[7]

## NOTAS FINALES

1. Hebreos 5:8.
2. 1 Timoteo 4:7.
3. Lucas 12:30–32.
4. Filipenses 2:13.
5. Isaías 26:3.
6. 2 Corintios 4:9.
7. Daniel 3:1–24.

LA SALUD EMOCIONAL ES EL DESARROLLO DE UN ESPÍRITU DE SUPERACIÓN, AL PERMITIR QUE EL ESPÍRITU SANTO TRAIGA INTEGRIDAD, SALUD Y BIENESTAR A MI ALMA.

POR EL HIJO DE TOBY

# EPÍLOGO

Este viaje del *Aún No* es la búsqueda de respuestas. Es la búsqueda del blanco y negro en la que lo único que se encuentra es más gris. Es vivir la alegría en medio de un gran dolor. Es vivir en el medio. Es ver la belleza entre el quebrantamiento. Es estar confundido o enojado contigo mismo, con el mundo o con Dios y aun así poder confiar en Su bondad. Lo poderoso de este viaje de *Aún No* es que no es una historia de Toby Slough; es una historia humana. La humanidad está compuesta de personas que viven en el *Aún No.*

Entonces, al igual que tú has recorrido un viaje a través de estas páginas y capítulos, yo he vivido y presenciado momentos que en ocasiones han sido dolorosos y otros llenos de alegría. Puedo decir honestamente que, aunque el camino no ha estado exento de golpes y contusiones, estoy realmente agradecido por lo que *Aún No* me ha enseñado.

Estoy agradecido de haber presenciado una imagen de lo que es ser brutalmente honesto, incluso cuando se siente una gran vergüenza.

Me alivia saber que no tengo todo resuelto para creer. Aprecio que no necesito tener todo resuelto para seguir a Dios.

Estoy asombrado de haber podido vislumbrar algo de la plenitud de la gracia de Dios.

Estoy agradecido de que mi papá me haya enseñado que ser hombre no significa que siempre tengas que «apretar los dientes y aguantar». Me mostró que ser hombre es no tener miedo de pedir ayuda cuando lo necesito. Me demostró que ser esposo no significa ser siempre el líder fuerte que no tiene dificultades, y que amar a su esposa «como Cristo amó a la iglesia» significa ser honesto con ella, incluso cuando esto haga que parezca ser débil.

Estoy convencido de que, aunque camine por valles, aún puedo creer que Dios está conmigo. Puedo confiar en Romanos 8 (en verdad NADA podrá separarme del amor de Dios). No estoy definido por mi valle, mi desafío o circunstancia. Estar en un valle no cambia mi posición con Dios.

Estoy agradecido de haber visto en la vida de mi padre una perseverancia, una esperanza inquebrantable y un aferrarse sin importar las dificultades. Por eso, estoy inspirado para vivir con el corazón abierto, listo para enfrentarme a la montaña.

Dios continuará usando los brutales y hermosos *Aún No* en mi vida y en la tuya. Mi esperanza y mi oración son para que podamos ver lo divino incluso en la oscuridad. Y, a medida que avanzamos, se cultive una profunda gratitud en lo profundo de nuestra alma, que nos permita ver toda la vida como un regalo.

—*Ross Slough*

APÉNDICE A

# RECURSOS AÚN NO

Tu viaje es tu viaje. No sé qué te ayudará a fortalecer tu mente y calmar tu espíritu, pero quería armar una lista de algunas cosas que realmente me han ayudado a mí o que me han permitido ayudar a otros. Espero que te ayuden a ti también.

*— Toby*

## LIBROS

- *Ponga Orden en su Mundo Interior,* de Gordon MacDonald.

- *Reconstruye Tu Mundo,* de Gordon MacDonald.

- *Guarda tu Alma,* de John Ortberg.

- *La Vida que Siempre Has Querido,* de John Ortberg.

- *Engendrado por Dios,* de John Eldredge.

- *Salvaje de Corazón,* de John Eldredge.

- *Cautivante,* de John y Stasi Eldredge.

- *Con un León en Medio* de un Foso Cuando *Estaba Nevando,* de Mark Batterson.

- *Solo Para Hombres,* de Shaunti y Jeff Feldhahn.

- *Solo Para Mujeres,* de Shaunti y Jeff Feldhahn.

- *Cómo Hablar para que los Niños Escuchen y Cómo Escuchar para que los Niños Hablen,* de Adele Faber y Elaine Mazlish.

- *El Niño Adoptado,* de Karen B. Purvis, David R. Cross, y Wendy Lyons Sunshine.

- *Límites,* del Dr. Henry Cloud y el Dr. John Townsend.

- *Cambios que Sanan,* del Dr. Henry Cloud.

- *Personas Seguras,* del Dr. Henry Cloud y el Dr. John Townsend.

- *Coping with Depression,* (Afrontando la Depresión) de Siang-Yang Tan y John Ortberg, Jr.

- *Experiencing Grief,* (xperimentando la Angustia) de H Norman Wright

- *The Smart Stepfamily,* (La Familia Adoptiva Inteligente ) de Ron Deal

- *Caer y Levantarse,* de Richard Rohr

---

# LOS 40 YO SOY
*(Del Capítulo 6)*

1. Un hijo de Dios. *Romanos 8:16*

2. Redimido de la mano del enemigo. *Salmos 107:2*

3. Perdonado. *Colosenses 1:13–14*

4. Salvado por gracia mediante la fe. *Efesios 2:8*

5. Justificado. *Romanos 5:1*

6. Santificado. *1 Corintios 1:2*

7. Una nueva creación. *2 Corintios 5:17*

8. Parte en la naturaleza divina. *2 Pedro 1:4*

9. Rescatado de la maldición de la ley. *Gálatas 3:13*

10. Liberado del dominio de la oscuridad. *Colosenses 1:13*

11. Guiado por el Espíritu de Dios. *Romanos 8:14*

12. Un hijo de Dios. *Romanos 8:14*

13. Mantenido a salvo donde quiera que vaya. *Salmos 91:11*

14. Jesús proveerá para todas mis necesidades. *Filipenses 4:19*

15. Deposito toda ansiedad en Jesús. *1 Pedro 5:7*

16. Fuerte en el Señor y en Su gran poder. *Efesios 6:10*

17. Capaz de todas las cosas a través de Cristo que me fortalece. *Filipenses 4:13*

18. Un heredero de Dios y coheredero con Cristo. *Romanos 8:17*

19. Un heredero de la bendición de Abraham. *Gálatas 3: 13–14*

20. Quien observa y cumple los mandamientos del Señor. *Deuteronomio 28:12*

21. Bendito en el hogar y en el camino. *Deuteronomio 28:6*

22. Un heredero de la vida eterna. *1 Juan 5: 11–12*

23. Bendecido con todas las bendiciones espirituales. *Efesios 1:3*

24. Sanado por Sus heridas. *1 Pedro 2:24*

25. Con autoridad sobre el enemigo. *Lucas 10:19*

26. Quien está a la cabeza, y no en la cola. Siempre en la cima, nunca en el fondo. *Deuteronomio 28:13*

27. Más que un vencedor. *Romanos 8:37*

28. Quien establece la Palabra de Dios aquí en la tierra. *Mateo 16:19*

29. Un vencedor por la sangre del Cordero y la palabra de mi testimonio. *Apocalipsis 12:11*

30. Quien diariamente vence al diablo. *1 Juan 4:4*

31. Quien no se fija en lo visible, sino en lo invisible. *2 Corintios 4:18*

32. Quien vive por fe, y no por vista. *2 Corintios 5:7*

33. Quien derriba vanas imaginaciones. *2 Corintios 10: 4–5*

34. Quien lleva cada pensamiento al cautiverio. *2 Corintios 10:5*

35. Quien ha sido transformado mediante la renovación de mi mente. *Romanos 12:1–2*

36. Un colaborador al servicio de Dios. *1 Corintios 3:9*

37. Quien recibió la justicia de Dios en Cristo. *2 Corintios 5:21*

38. Un imitador de Jesús. *Efesios 5:1*

39. La luz del mundo. *Mateo 5:14*

40. Quien bendice al Señor en todo momento, alabándolo continuamente con mi boca. *Salmos 34:1*

# ALIENTO

Promesa diaria

- www.365promises.com

Carta de amor del Padre

- www.fathersloveletter.com

Libertad en Cristo

- www.ficm.org

# APOYO

Celebrate Recovery

- www.celebraterecovery.com

Divorce Care

- www.divorcecare.org

Grief Share

- www.griefshare.org

Family Grace

- https://mentalhealthgracealliance.org

Mending The Soul

- https://mendingthesoul.org/

## RECURSOS EN LÍNEA:

People of the Second Chance

- www.secondchance.org

Better Help

- www.betterhelp.com

MentalHealth.gov

- www.mentalhealth.gov

Child Mind Institute

- www.childmind.org

National Institute of Mental Health

- *Panic Disorder: When Fear Overwhelms*—https://www.nimh.nih.gov/health/publications/panic-disorder-when-fear-overwhelms/index.shtml

American Psychological Association

- *Answers to Your Questions about Panic Disorder*—https://www.apa.org/topics/anxiety/panic-disorder

Center for Clinical Interventions

- *Panic Stations: Coping with Panic Attacks*—https://www.cci.health.wa.gov.au/resources/looking-after-yourself/panic

APÉNDICE B

# CONOCE AL AUTOR

Luego de graduarse de la Universidad Abilene Christian en 1986, Toby Slough comenzó su carrera ministerial trabajando con estudiantes de secundaria en San Antonio, Texas. Durante aquellos años, viajó por todo el país hablando con adolescentes y mentores juveniles.

Toby y su familia se mudaron a Southlake, Texas, en 1993, cuando se hizo Ministro de la Iglesia Southlake Boulevard. Allí, Dios comenzó a gestar en él el sueño de plantar una iglesia para personas heridas y quebrantadas en la zona rural de Argyle, Texas.

En el año 2000, Toby, Mika y doce familias comenzaron la Iglesia Cross Timbers en la parte trasera de un bar. Dios bendijo estos humildes comienzos y desde entonces ha seguido construyendo, formando y refinando las bases fundamentales de Cross Timbers. Dios expresa su asombrosa y abundante obra a través de las múltiples corrientes de ministerio que conforman la comunidad Cross Timbers. Tenemos dos campus vibrantes y prósperos en el norte de Texas y estamos desarrollando un modelo de centro comunitario para satisfacer la cambiante dinámica de las necesidades locales. Dios ha ido delante de nosotros en cada paso del camino, mientras llevamos a cabo la visión de un Dios amoroso y de personas amorosas y apasionadas por desarrollar y enviar 10000 Hacedores de Diferencia a nuestras comunidades, tanto en forma local como alrededor del mundo.

Toby y Mika han estado casados por más de treinta y cuatro años y tienen dos hijos y cinco nietos:

- Bailey (su hija) y Grant tienen tres hijos: Gideon, Micah y Esther.
- Ross (su hijo) y Michelle tienen dos hijas: June y Evie.

Toby te dirá que su familia le trae más alegría de la que cualquier hombre podría pedir. En su tiempo libre le gusta pescar, leer, pasar tiempo en el agua, escribir y cultivar una huerta.

Toby continúa sirviendo como el pastor principal de Cross Timbers y es autor de varios libros, entre ellos, *Living the Dream, The Great Adventure, God Drives Me Crazy, Normal, It Is Well* y *Harvest*.

Si este libro te ha resultado útil, te invitamos a dejar una reseña en Amazon. Tu reseña ayudará a otros a encontrar este libro y a vivenciar este mensaje que estimula la libertad.

—*Gracias*

Puedes seguir a Toby en Twitter:
**@tobyslough**

Encuéntralo en Facebook:
***www.facebook.com/tobyslough***

Escúchalo hablar:

***www.crosstimberschurch.org***

Para invitaciones:

***www.NotYetTheBook.com***
***www.tobyslough.com***

LA PAZ ES POSIBLE, JESÚS ES REAL Y TUS
MEJORES DÍAS AÚN ESTÁN POR VENIR.